A VIDA HUMANA

André Comte-Sponville
DESENHOS DE SYLVIE THYBERT

A VIDA HUMANA

Tradução de CLAUDIA BERLINER

Esta obra foi publicada originalmente em francês
com o título LA VIE HUMAINE
por Hermann, Paris, 2006.
Copyright © Hermann Éditeurs, 6 Rue de la Sorbonne, Paris.
Copyright © 2007, Livraria Martins Fontes Editora Ltda.,
São Paulo, para a presente edição.

1ª edição 2007
3ª tiragem 2018

Tradução
CLAUDIA BERLINER

Acompanhamento editorial
Luzia Aparecida dos Santos
Preparação do original
Helena Guimarães Bittencourt
Revisões gráficas
Solange Martins
Alessandra Miranda de Sá
Dinarte Zorzanelli da Silva
Produção gráfica
Geraldo Alves
Paginação
Moacir Katsumi Matsusaki

Dados Internacionais de Catalogação na Publicação (CIP)
(Câmara Brasileira do Livro, SP, Brasil)

Comte-Sponville, André
  A vida humana / André Comte-Sponville ; desenhos de
Sylvie Thybert ; tradução de Claudia Berliner. – São Paulo :
WMF Martins Fontes, 2007.

  Título original: La vie humaine.
  ISBN 978-85-60156-26-9

  1. Filosofia francesa 2. Vida (Filosofia) I. Thybert, Sylvie.
II. Título.

07-0360   CDD-194

Índices para catálogo sistemático:
  1. Vida humana : Filosofia francesa 194

Todos os direitos desta edição reservados à
Editora WMF Martins Fontes Ltda.
Rua Prof. Laerte Ramos de Carvalho, 133 01325-030 São Paulo SP Brasil
Tel. (11) 3293-8150 e-mail: info@wmfmartinsfontes.com.br
http://www.wmfmartinsfontes.com.br

Índice

Prólogo 9

I. Antes 11
II. Nascer 19
III. A criança 27
IV. O adolescente 33
V. Amar 39
VI. Em nome do filho 47
VII. Trabalhar 55
VIII. Juntos 65
IX. Fruir, sofrer 73
X. Durar 81
XI. Morrer 89
XII. A eternidade 97

para Jeanne e Claire

Prólogo

Trabalhar juntos. Foi preciso um editor vir com a proposta – embora vivamos juntos há muitos anos – para que tivéssemos essa idéia. Muitas distâncias a vencer, tanto entre a arte e a filosofia quanto entre o mais próximo e o mais distante, quanto entre a intimidade e o público. Que a vida alimente a obra é uma afortunada necessidade. Não é razão para que nela se exiba.

Contudo, uma vez sugerida a idéia, ela se impôs a nós como uma espécie de evidência. Não pelo duvidoso prazer de contar nossa história – ver-se-á que não se trata disso –, mas pelo prazer, também exigente, de caminhar juntos, cada um com seus meios, para uma mesma verdade, que só pode ser universal, ou para uma mesma ambição, que nos é comum – verdade da humanidade, ambição de dizê-la ou de mostrá-la tal como é, ou tal como nos aparece, tal como acreditamos experimentá-la ou senti-la. Isso impelia a pintora para a figura humana, que é seu tema predileto, ao mesmo tempo que afastava o filósofo, na medida do possível, da abstração ou da especulação. Filosofia? Literatura? São apenas palavras. A verdade e a vida me importam mais.

Trabalhamos juntos, embora de modo independente. Os desenhos de Sylvie Thybert não ilustram meus textos, assim como estes não comentam seus desenhos. Simplesmente cada um de nós tratou dos mesmos temas, escolhidos em comum acordo, porque nos pareciam humanamente os mais decisivos. Outros, bem sabemos, teriam feito outras escolhas. Esse é o quinhão da humanidade em cada um: mesmo a dois, o universal só se mostra singularmente.

I

Antes

Antes do homem, ou seja, antes do gênero humano, há a Terra. Antes da Terra, o universo. Antes do universo? Ninguém sabe. Não é possível saber. O *big-bang* não explica nada, pois seria preciso explicar o *big-bang*. Acontece que só se poderia explicá-lo por outra coisa que o precedesse, que por sua vez seria preciso explicar… E como, senão por outra coisa mais, que a precederia e que seria preciso explicar? Cadeia das causas, inexplicável por natureza. Ou essa cadeia é finita, e nesse caso só pode começar por algo que não se explica (um começo absoluto, não precedido de nada: um fato sem causa). Ou é infinita e, portanto, globalmente inexplicável – porque nenhuma causa poderia, por definição, precedê-la. Leibniz, depois de muitos outros, pretendia demonstrar desse modo a existência de Deus. Tomemos uma coisa qualquer, por exemplo, o mundo ou eu. Ela poderia não existir (é contingente). Portanto, para justificar sua existência, precisa-se de outra coisa. Esta, por sua vez, é também contingente? Será preciso explicá-la por outra, que por sua vez… "Ninguém foi além disso", constata Leibniz. É preciso violar os princípios de causalidade ("nada nasce de nada") e de razão suficiente (não existe nada que não possa, ao menos de direito, ser explicado), ou então recair na regressão ao infinito, que não explica nada e torna tudo inexplicável. *Anankê sthenai*, já dizia Aristóteles: é preciso parar em algum lugar. Mas onde? Em nenhum lugar na série das causas contingentes – pois cada uma delas tem de ter uma causa. Só é possível parar ao atingir uma causa necessária, isto é, que não possa não existir, o que supõe que ela seja eterna e causa de si: Deus.

Essa é, num breve resumo, a prova *a contingentia mundi* (pela contingência do mundo), na sua versão leibniziana. A série inteira das causas contingentes deve ter ela mesma uma causa, que só pode ser exterior a essa série. Ela é, portanto, transcendente. Por que o mundo? Porque Deus. É a ordem das causas. Por que Deus? Porque o mundo. É a ordem das razões. Mas o que nos prova que há uma ordem e que a razão tem razão?

Perdoem-me por começar pelo mais abstrato. O começo sempre o é, pela separação (*abstrahere*, separar) que pressupõe. Deixemos isso de lado. Que essa "prova" não prova nada, Pascal já sabia, Hume ou Kant demonstraram, e nisso não pretendo me deter. Como explicar o ser, se toda explicação o pressupõe? Como demonstrá-lo, se nenhuma demonstração serve de explicação? Pretender provar a existência de Deus pela existência, contingente, do mundo é querer passar de um conceito (o de uma causa necessária) a uma existência (a de Deus), o que ninguém conseguiria fazer. De resto, ainda que se pudesse demonstrar que a simples existência de algo implica a de um ser absolutamente necessário, isso não provaria que esse ser fosse Deus: poderia ser a própria Natureza, como queria Espinosa, o próprio Ser, como queria Parmênides, e nada garante que ele seja dotado de consciência, nem que seja todo-poderoso, nem que nos ame ou se preocupe conosco... Mas pouco importa. O que eu queria mostrar é que não se sabe o que havia antes do universo, que não é possível sabê-lo e que os religiosos o ignoram tanto quanto os ateus. A verdade não pertence a ninguém. O mistério tampouco.

Por que existe alguma coisa ao invés de não existir nada? Essa é a grande pergunta de Leibniz, mais do que isso, do homem ou do mundo (do homem acerca do mundo, e nele, no entanto), a nós – ao menos enquanto estivermos neste mundo –, para sempre sem resposta. Pergunta absurda, objeta-me Marcel Conche, já que o ser é eterno. Mas a eternidade não precisa menos de explicação que o resto, nem poderia por si só servir de explicação. Se o ser é eterno (se sempre existiu alguma coisa), certamente já não é preciso procurar sua origem, sua causa ou seu começo. Mas isso não bastaria para justificá-lo. Portanto, ou ele é sem razão ou sem outra razão além dele próprio – absurdo, portanto, ou ininteligível. Os metafísicos não escapam ao mistério mais que os físicos ou os teólogos. Por que o *big-bang* em vez de nada? Por que Deus em vez de nada? Por que tudo em vez de nada? O ser é mistério, o universo é mistério, aquele que contém todos os outros e talvez o único cuja solução ele não contenha.

Antes do homem há o mundo, e o mistério do mundo. Estamos dentro: no âmago do ser, no âmago do mistério – no âmago de tudo. Não, por certo, no *centro* do universo, pois nada indica que haja um centro (se ele é infinito, a idéia de um centro seria contraditória), mas nele, envolvidos por todos os lados pelo que ele é ou contém (bilhões de galáxias, cada uma composta de bilhões de estrelas ou de sistemas solares), porém incapazes de sair dele vivos, ou simplesmente de *sair* dele... Um cadáver é coisa do mundo. Uma idéia – uma vez que alguém a pense ou dela se lembre – também. Prisioneiros da imanência? Pode ser. Porém, só será uma prisão se houver outra coisa (uma transcendência), o que ninguém sabe. Pascal dizia de forma magnífica: "Quando considero a pequena duração de minha vida absorvida na eternidade precedente e seguinte, o pequeno espaço que ocupo ou mesmo que vejo, abismado na infinita imensidão dos espaços que ignoro e que me ignoram, assusto-me e me espanto de me ver aqui e não lá; pois não há razão por que aqui e não lá, por que agora e não então. Quem me pôs aqui? Por ordem e conduta de quem este lugar e este tempo me foram destinados?" Não se pode responder, nem mesmo existe prova de que *haja* uma resposta. Deus seria apenas um acaso a mais; o acaso, apenas um Deus a menos. Mistério do ser, que não se pode aclarar. Porque ele é a própria luz.

Depois, há a história: a história do mundo, a história da vida, a história da humanidade... Quando lecionava no último ano do colégio, às vezes começava a desenhar seu traçado no quadro-negro.

Um longo traço horizontal, o mais retilíneo possível, por toda a extensão do quadro-negro. Na extremidade direita: estamos aqui ("agora"). Alguns centímetros à esquerda: a Segunda Guerra Mundial; em seguida, alguns centímetros mais adiante, a Primeira... Continuava, respeitando mais ou menos as proporções: aqui, a Revolução Francesa; aqui, a invenção da imprensa, depois o reinado de Carlos Magno, depois a queda do Império Romano, depois Júlio César, depois o século de Péricles... Estávamos perto da metade do meu traço. A invenção da escrita? Foi há uns cinco mil anos: chegamos à extremidade esquerda do quadro. Eu prolongava o traço pela parede: a pré-história... Aqui, aproximadamente, a idade do bronze, aqui a revolução neolítica, há mais ou menos dez mil anos... A parede acabava ali. Eu mostrava, pela janela, o pátio do recreio, a rua, a cidade... O paleolítico? Começa, ou melhor, termina, se voltarmos no tempo, no pátio. O aparecimento do *homo sapiens*? É ali, em algum lugar, do outro lado da rua, a cem ou duzentos metros... *Homo erectus, homo habilis*? Dois ou três quilômetros. Os primeiros hominídeos? Cerca de seis quilômetros. Os primeiros primatas? Cinqüenta ou sessenta. Os primeiros mamíferos? Cerca de duzentos quilômetros. O surgimento da vida na Terra? É bem mais longe: mais de três bilhões de anos, talvez quatro, ou seja, em algum lugar, se a classe estivesse voltada para o oeste, no meio do Atlântico. A constituição do sistema solar? Cinco bilhões de anos: aproximamo-nos da costa americana. O *big-bang*? Entre doze e quinze bilhões de anos, ao que parece: chegamos ao oceano Pacífico, mas do lado oeste, não longe do Japão ou do mar da China... Antes do *big-bang*? Mostrava o horizonte, o céu, o infinito: não se sabe, nem mesmo se houve um antes! Então eu voltava para a extremidade direita do quadro, para os quatro ou cinco centimetrozinhos que nos separavam de Auschwitz ou de Hiroshima... Punha meu dedo no meio desse minúsculo segmento: vocês nasceram aqui, dizia-lhes, mas não estariam aí sem tudo o que veio antes.

Antes de todo homem há a história: a história do mundo, a história da vida, a história dos homens. O plural precede o singular que ele supõe. A espécie precede o indivíduo, assim como outras espécies a precedem. Que esses grandes macacos que somos, tão próximos dos chimpanzés e dos gorilas (mais próximos deles, dizem os geneticistas, do que os grandes macacos africanos de seus primos asiáticos, orangotangos ou gibões: quase 99% de nosso patrimônio genético é idêntico ao dos chimpanzés, o que evidentemente supõe um ancestral comum), que esses grandes macacos que somos, dizia eu, tão próximos e tão diferentes dos outros (bipedalismo mais pronunciado, cérebro mais volumoso, mão mais hábil, laringe mais bem situada e cordas vocais mais eficazes...), que esses grandes macacos, portanto, tenham acabado por inventar a agricultura e a metalurgia, a arte e a religião, a escrita e as ciências, a moral e a política, a máquina a vapor e a informática, a gastronomia e o erotismo, o direito e a seguridade social, a filosofia e a conversação, não era previsível e não é nada desprezível! Que em meio a tudo isso tenha havido um assustador acúmulo de horrores – guerras e massacres, torturas e estupros, escravidões e genocídios –, isso ninguém ignora. *Homo sapiens, homo demens*, diz com razão Edgar Morin. Os bonobos são mais doces, parece, pois preferem fazer o amor (geralmente face a face) a fazer a guerra... Mas nada sabem de Mozart, Shakespeare, dos direitos do homem e até dos direitos dos animais. Será que valeu a pena? Responder que não seria dar razão aos carnífices e aos carrascos. Humanismo sem ilusões, mas ainda assim humanismo. A tortura é própria do homem. O combate contra a tortura também. A guerra é própria do homem. O combate pela paz e pela justiça também. Miséria do homem: somente os humanos podem ser desumanos. Grandeza do homem: somente eles podem – e devem – *tornar-se humanos*. Anti-humanismo teórico: o homem não é mais que um animal entre outros. Humanismo prático: cabe a nós fazer dele outra coisa. "*Let us make man*", dizia Hobbes. "Fazer bem o homem", dizia Montaigne. Esse humanismo não é uma religião, é uma moral. O homem não é nosso Deus; ele é nossa tarefa.

Há "um dever geral de humanidade", sublinha Montaigne, que nos liga "não apenas aos animais, que têm vida e sentimento, mas às próprias árvores e às plantas". É o que bem sabem os atuais defensores da natureza. Mas as plantas, as árvores e os animais continuam ignorando-o. Lutamos, por exemplo, para proteger as baleias, os elefantes, os gorilas... Certamente temos razão. Mas imaginemos que a humanidade, é algo que pode ocorrer, se torne uma espécie em via de extinção. Baleias, elefantes e gorilas não fariam nada para nos ajudar. O humanismo é próprio do homem. A ecologia também. A humanidade não é apenas uma espécie animal; é também uma virtude, e isso basta para exprimir a singularidade dessa espécie.

Não se sabe como isso começou, nem mesmo se houve um começo. Mas sabemos que só fazemos continuar essa história que nos precede, que nos gera, que nos habita, que é essa nossa tarefa, nosso destino, nossa dignidade, enfim, o único lugar possível, para nós, tanto da coragem como da felicidade. Toda vida é recebida. Resta apenas vivê-la. Gerada, não criada. Resta apenas inventá-la.

II
Nascer

Antes do homem, ou seja, antes de um ser humano qualquer, há uma mulher. Sempre. O pai? A rigor, seria possível prescindir dele. Talvez um dia isso ocorra. É freqüente não o conhecer, ele mesmo ignorar sua fecundidade, sua paternidade, sua descendência. A maioria das espécies animais faz dele apenas um genitor, biologicamente necessário sem dúvida, mas que se preocupa tão pouco com sua prole, caso saiba que a tem, quanto esta se preocupa com ele. Existem populações humanas (os Na, na China) que ignoram o casamento e também ignoram a paternidade. As mulheres se entregam, ou melhor, se emprestam, por uma noite ou um pouco mais. Aparece uma gravidez? Ninguém sabe quem é o pai. A criança viverá com a mãe, que vive com a sua, e com seus meio-irmãos e irmãs. E, segundo os etnólogos, isso resulta numa sociedade particularmente livre e pacífica… O pai é biologicamente necessário, humanamente supérfluo. É a sociedade, bem mais que a natureza, que lhe dará esse lugar exorbitante que ele ocupa, o do poder, do ter, do sobrenome *patronímico* (ao passo que se fala de língua *materna*, e isso diz tudo: a mãe ensina a falar, o pai transmite seu nome…). Assimetria da natureza. Assimetria da cultura, que se opõe à primeira e a corrige. O pai, quase sempre, em quase todo lugar, é socialmente dominante, culturalmente privilegiado. Mas praticamente bastariam seu nome, sua lei, seus bens, e com efeito bastam em várias sociedades. No limite, sua função é apenas simbólica (ou sua função, diria

Lacan, é o próprio simbólico). Com a mãe, é diferente. Entre todos os mamíferos, ela não se contenta em transmitir a vida: acolhe-a, carrega-a, nutre-a. Como ela poderia ignorá-la por completo? Entre os humanos, deverá proteger seu bebê – às vezes, inclusive contra o pai – durante anos, niná-lo, consolá-lo, lavá-lo, amá-lo, falar-lhe, escutá-lo, educá-lo... A humanidade é uma invenção das mulheres. Mesmo em nossas sociedades modernas, a mãe quase sempre é o primeiro amor e às vezes também o último. É porque foi ela quem primeiro amou.

Note, de passagem, que pouco importa se se trata ou não da mãe biológica. Meu pai, por exemplo, nascido de um certo Julien Comte, viveu toda a infância na casa de seus padrinhos, o Sr. e a Sra. Sponville, que acabaram por adotá-lo. Não os conheci. Mas meu pai sempre me falou deles com uma mistura, bastante rara nele, de alegria e emoção. Já no final da vida, muito velho, sofrendo do mal de Alzheimer em fase terminal, só conseguia pronunciar uma única palavra, sempre a mesma, que, estranhamente, servia-lhe para chamar a esposa, tão presente, tão amorosa (será que a confundia com sua mãe adotiva?), mas que também reaparecia, com uma freqüência cada vez maior, como uma queixa, como um pedido de socorro, como uma prece talvez, que já não se dirigia a nenhum ser vivo mas o ligava à própria vida, em todo caso à vida humana, ou seja, ao pouco de humanidade disponível que lhe restava: *"Madrinha, Madrinha, Madrinha..."* Ela já tinha morrido fazia cinqüenta anos, e no entanto estava nele mais viva que seus pais biológicos, que conhecera muito bem, ou que seus próprios filhos, que já não reconhecia... Uma mãe adotiva é uma mãe. Uma mãe biológica só é realmente mãe pelos cuidados dados, pela atenção, educação, pelo amor. Hoje, em nossos países, ela só pode permanecer desconhecida, e olhe lá, com a condição expressa de tê-lo desejado (são as crianças "nascidas de X★"). Pode ignorar tudo sobre os filhos (se os

---

★ Na França, é direito da mulher ter o filho sem que nenhum registro seja feito acerca de sua identidade. [N. da T.]

abandonou, se os tomaram dela), mas não pode ignorar que os carregou no ventre e os colocou no mundo. A maternidade está inscrita em seu corpo (enquanto a paternidade só o está em papéis ou genes). Ser pai é uma função inicialmente biológica e depois simbólica. Ser mãe, uma função fisiológica, alimentar, vital. O pai é biologicamente necessário. A mãe, ou uma mãe, humanamente quase indispensável.

Mas, afinal, é preciso nascer: abandonar a mãe, desde o primeiro dia, em todo caso sair dela.

O mistério do nascimento é mais profundo, escreveu em algum lugar Simone Weil, e mais rico para meditar que o mistério da morte. É que ele nos confronta com o acaso, que é a verdadeira necessidade, ao passo que a morte nos entrega apenas ao destino, que é uma necessidade programada ou retrospectiva. Quer eu morra totalmente ou não, ou melhor, quer eu ressuscite ou não, minha vida nesta terra nem por isso deixará de ter sido a mesma. Mas, e se eu não tivesse nascido? Ou se tivesse nascido de pais diferentes? Ou simplesmente, com os mesmos pais, se tivesse sido concebido a partir de um outro óvulo, de um outro espermatozóide? Seria outra pessoa, ou melhor, não seria. Toda morte é inevitável (mesmo que ocorra por acaso: de qualquer modo é preciso morrer). Nenhum nascimento o é, mesmo que tenha sido desejado ou programado pelos pais. Morrer é um destino. Nascer, uma sorte.

Já não me lembro que humorista, baseando-se no número de espermatozóides (os testículos produzem cerca de trezentos milhões por dia) e de óvulos (um por mês), calculou sumariamente que a probabilidade de cada um de nós nascer, mesmo nossos pais vivendo juntos, era inferior a uma em cada trilhão. Portanto, concluía ele com graça, é sensato pensar que na concepção cada indivíduo já esgotou seu estoque de chances numa única vez… Quanto a este último ponto, era sem dúvida exagerado e por isso engraçado: a vida, mesmo depois do nascimento, às vezes é mais generosa do que se espera. Além disso, tantos horrores possíveis fazem com que a sorte continue sendo necessária ao longo de toda a vida, mesmo que apenas para sobreviver... Mas nosso humorista tinha razão, e isso é o mais importante no que se refere à extrema improbabilidade, mesmo alguns dias antes, de qualquer concepção. Se nossos pais não tivessem feito amor naquele dia, ou se o tivessem feito algumas horas depois ou antes, ou talvez simplesmente em uma outra posição, não estaríamos aqui hoje para pensar a respeito. Acasos do desejo. Loteria da vida. Nascer é para cada um a primeira sorte grande, necessariamente a mais importante, pois condiciona todas as outras. Mas isso não é tudo. A mesma improbabilidade extrema valeu também para a concepção de nosso pai e de nossa mãe, para a de cada um de nossos quatro avós, para a de cada um de nossos oito bisavós... Essas sucessivas improbabilidades, cada uma delas condicionada pelas que as precedem, multiplicam-se uma à outra. Ao fim de algumas gerações, a probabilidade de cada nascimento, embora não nula, é tão ínfima que nenhum estatístico sério aceitaria prevê-la de antemão. Ganhar na loto é, ao lado disso, brincadeira de criança.

Acontece que nascemos: o milagre ocorreu, ao menos uma vez, necessariamente uma vez, para cada um de nós, e vem se repetindo – de geração em geração, mesmo considerando apenas o homem moderno – faz pelo menos cem mil anos... Se um único coito, entre os milhares que nos separam de nossos primeiros ancestrais (ou melhor, que nos unem a eles por uma cadeia descontínua e ao mesmo tempo ininterrupta), portanto, se um único desses coitos não tivesse ocorrido ou tivesse sido infecundo, todos os seguintes teriam sido diferentes – que estou dizendo –, nenhum deles teria existido, e não estaríamos aqui para nos espantarmos de aqui estar! No entanto, não há nada mais banal na escala da espécie que um coito, que uma fecundação, que uma gravidez. Não há nada mais excepcional, nada mais improvável, nada mais irredutivelmente singular que seu resultado. Não é algo previsível de antemão. É algo que não se reproduzirá jamais. Um indivíduo qualquer, mas diferente de todos os outros. Os gêmeos idênticos? Não passam de uma singularidade a mais. Além disso, ainda que geneticamente idênticos, nem por isso deixam de ser numericamente diferentes, já que são dois, o que os destina a se tornarem cada vez mais qualitativamente diferentes, humanamente diferentes, uma vez que nunca ocupam o mesmo espaço, nunca têm exatamente a mesma vida, nem, por conseguinte, as mesmas feridas, as mesmas lembranças, os mesmos amores... Nada mais banal que ter nascido. Nada mais surpreendente que ser si mesmo. Banalidade da vida: milagre da vida.

A banalidade deveria nos tornar modestos. A singularidade, exigentes. Ninguém escolheu viver, nem ser si mesmo. Acontece que todo o resto depende disso, inclusive as mudanças vindouras. Haverá algo mais ridículo do que se orgulhar de si mesmo, de sua eventual beleza, de sua eventual força, de sua eventual inteligência, e até das próprias escolhas, já que não escolhemos esse *si-mesmo* que somos e do qual todas as escolhas procedem? "Primeiro, não somos nada", escreve Sartre: a liberdade seria esse nada, mediante o qual "cada pessoa é uma escolha absoluta de si própria". O primeiro recém-nascido que aparecer, para quem o observar atentamente, basta para refutar. Como poderia ele ter escolhido a si próprio? Como poderia ele não ser nada? Pode até ser que, em seguida, e talvez desde o começo, ele tenha de "se lançar para um futuro". Mas como aceitar, como dizia Sartre, que "nada existe antes desse projeto" se, nesse caso, todo projeto seria impossível? Para projetar o que quer que seja, primeiro é preciso ser: a essência (o que se é: um corpo) precede a existência (o que se escolhe, o que se projeta, o que ainda não se é) e a torna possível. Ou melhor, a essência e a existência, no presente, confundem-se necessariamente. E o que mais há além do presente? É o único momento do ser, da ação, da liberdade – o único momento real. É só o futuro que se escolhe? Pode ser. Mas o escolhemos no presente. Aqui, a ontologia prevalece sobre a ética, ou melhor, a ética não é mais que uma ontologia em ato. Viver no presente, como diziam os estóicos, como dizem todos os sábios, não é uma palavra de ordem; é uma necessidade (quem poderia viver o passado ou o futuro?), é uma realidade, para cada um de nós (ser é ser presente), e é a própria vida. Lembrar-se? Só é possível no presente. Antecipar, imaginar, criar? Só é possível no presente. É a verdadeira liberdade. É a verdadeira humanidade. Ser, para o homem, é existir; existir (viver, agir, mudar) é nosso único modo de ser. Em última instância, portanto, é preciso ser primeiro e continuamente. A liberdade é menos um ponto de partida que um processo, menos um livre-arbítrio que uma liberação. Ninguém é uma escolha absoluta de si; mas ninguém tampouco pode eximir-se de escolher. Ninguém nasce livre; torna-se livre.

É isso que nos deve tornar exigentes. Essa vida tão improvável que nos é dada, cabe a nós não a desperdiçar. A vida não é um destino, é uma aventura. Ninguém escolheu nascer; ninguém vive sem escolher. Cada qual é inocente de si, mas responsável por seus atos. E responsável, portanto, ao menos em parte, por aquilo que *se tornou*. Aristóteles, mais profundo que Sartre. É forjando que alguém se torna forjador. É bebendo que alguém se torna alcoólico. É realizando ações virtuosas que alguém se torna virtuoso. "Fazer", dizia Lequier, "e, fazendo, fazer-se." Isso não fará de nós outra pessoa, o que ninguém consegue. Mas impede de nos resignarmos rápido demais ao que somos, o que ninguém deve fazer.

Toda vida é recebida, dizia eu. Cabe a nós não sermos indignos desse presente que nos foi dado, que é o próprio presente. Loteria da vida: combate da vida. O fato de termos todos nascido por acaso, o que é bastante claro, não é razão para viver ao acaso. Nascer é a primeira chance. Não desperdiçar essa chance, o primeiro dever.

III

A criança

Antes do homem, antes da mulher, há a criança. Sempre. Indiscutivelmente. "Fomos todos crianças antes de sermos homens", lembrava Descartes. Daí os preconceitos, explicava ele. Daí também, eu acrescentaria com Freud, nossos amores, nossos medos, nossos ideais, enfim, nossa humanidade, consciente e inconsciente. Cada um traz a infância consigo: aquele peso, aquela leveza, nunca deixará de nos acompanhar. Para o bem? Para o mal? Os dois. Trata-se apenas de crescer. A infância é, para cada um, o ponto de partida (que inclui, embora não se saiba muito a respeito, a vida intra-uterina) do qual é preciso se soltar. Mas ninguém além da criança pode soltar-se dela. Não há escolha. É crescer ou morrer, crescer *e* morrer. O inconsciente é o resto em nós da infância. Mas o supereu ou o ideal do eu também o são. O eu? Ele se vira como pode para *advir*, como dizia Freud, entre as exigências do isso, que não tem idade, e as outras, interiorizadas, dos pais, que conservam em nós a idade que tinham – intactos, ou parecendo intactos – quando éramos crianças. Essa mãe que me deu o peito, como ela era bonita, como era bela, como era diferente daquela que, mais tarde, terei de acompanhar, suportar, amar ainda assim! E esse pai, como era forte, impressionante, assustador, antes da longa decrepitude da velhice! Enfrentá-los? No começo, é impossível, porque somos muito frágeis; depois, ridículo, porque foram eles que se tornaram tão frágeis. Contudo, é preciso, será para isso que servirá a adolescência, é para isso que já a infância serve, e ninguém escapa disso, e ninguém se cura disso. É sempre cedo ou tarde demais. "A morte", escreve Bobin, "passará uma rasteira num estudante."

A infância é um milagre e uma catástrofe. Um milagre, porque nela vivemos apenas o inédito, o improvável, o inexplicável – apenas o *novo*. Uma catástrofe, porque é preciso sair dela e não conseguimos.

Haverá algo mais insondável que o olhar de um recém-nascido? Ele está descobrindo tudo, não reconhece nada, e isso cria como uma luz na noite escura, uma escuridão no dia claro. Pareceria um extraterrestre, antes do "extraceleste", como diz Marc Wetzel, que todos somos. Haverá algo mais atento que o olhar de uma criança muito pequena? É porque tudo a surpreende. Porque tudo lhe é novo. Pura atenção: presente puro, tão imaculado quanto o futuro. Ao lado disso, todo o restante de nossa vida nos parecerá coisa de segunda mão ou emprestada, como algo um tanto sem viço, usado, desgastado. Todo o restante, exceto a parcela de infância em nós preservada ou recuperada, por exemplo no amor ou na arte. Milagre da infância: milagre da primavera, mas que seria o primeiro. Milagre da manhã, mas anterior à noite ou ao sono.

Merleau-Ponty nunca se curou de uma infância feliz. Ao menos foi o que explicou a Sartre, em 1947, e que me comove porque acredito. Essa sorte louca, escreve Sartre, "virava adversidade depois da queda, despovoava o mundo, desencantava-o de antemão". Para mim, que acreditava nunca ter me curado de uma infância infeliz, aquelas linhas foram, quando as descobri, como uma piscadela do destino ou do acaso, como um sorriso, um apaziguamento – um consolo ante o inconsolável. Ninguém se cura da própria infância, porque ela é si mesmo. Feliz? Infeliz? Ninguém se consola de tê-la perdido ou vivido. Não temos outra escolha que não seja entre a saudade (do que foi) e o lamento (do que não foi), entre a gratidão e a misericórdia, ambas difíceis. Trabalho de luto: trabalho de vida. Não para se encerrar na tristeza ou na angústia, mas, muito pelo contrário, para sair delas, caso se consiga. A alegria é que é boa. Mas é preciso ser capaz dela. A felicidade é um luto bem-sucedido; a infelicidade, um luto por fazer; a neurose, um luto impossível.

A criança

Choquei um amigo meu, num debate público, ao confessar que o primeiro sentimento que me vinha quando cruzava com uma criança na rua era o de compaixão. Deve ser porque projeto na infância dela algo da minha. Deve ser também porque toda criança é fraca, frágil, quase indefesa. Deve ser, enfim, porque toda vida é assustadora, ao menos pelo possível, ao menos pela assustadora possibilidade do pior. Mas a criança está como que preservada disso pela ignorância, pela despreocupação, pela confiança, ao menos a criança feliz ou quando está feliz. Que fraqueza em todas elas; e, no entanto, que força, que saúde, que vitalidade na maioria! "Essa fraqueza é Deus", dizia Alain. Porque governa de modo absoluto, mesmo sem nada pedir. Porque só o amor é digno dela. Porque vale mais que tudo. Os pais bem o sabem, eles que vão lhe dedicar a vida. A criança ainda não o sabe: é como um Deus que ainda não tivesse inventado a religião e que, por essa leveza, por essa simplicidade, por essa graça que se ignora e irradia seria ainda mais divino. Toma consciência de seu encanto? Perde-o. De seu poder? Corrompe-o. Haverá algo mais adorável que uma criança quando só se preocupa em viver? Haverá algo mais irritante do que quando quer seduzir ou mandar?

Menino? Menina? A diferença, ao nascer, não é espetacular. Vai se tornar espetacular pouco a pouco, tanto por cultura, ao que tudo indica, quanto por natureza. As meninas, ensinam-nos os psicopedagogos, falam antes e melhor. Estão do lado da palavra, da relação, da intersubjetividade: nadam na linguagem ou na humanidade como um peixe na água. Os meninos têm mais facilidade com os objetos, que manipulam mais. Estão do lado do mundo, da ação, da objetividade. Trata-se apenas de uma tendência geral, que conhece muitas exceções, e provisória, que terá de ser ultrapassada. Os meninos também terão de aprender a falar, a ouvir, a entender; as meninas, a agir e a explicar. A humanidade é uma, apesar de sua dualidade, ou melhor, graças a ela. No entanto, ninguém me tira da cabeça que as meninas saem na frente, desde cedo, em tudo que diz respeito à vida afetiva e relacional. Brincar com uma boneca ou com um carrinho não é a mesma coisa. Imitar a maternidade ou a guerra não é a mesma coisa. Pulsão de vida, pulsão de morte? É uma mitologia como qualquer outra, reconhecia Freud, mas que me esclarece mais que o Olimpo ou o Gênese. Que todos nós, homens ou mulheres, tenhamos a ver com essas duas pulsões é algo bem claro. Mas não obrigatoriamente na mesma ordem ou nas mesmas proporções. O corpo não é o mesmo. Os hormônios não são os mesmos. A educação não é a mesma. As crianças, todavia, nada sabem disso ou, para elas, isso é apenas mais um mistério, que nunca acabarão de explorar.

Período de latência, disse Freud: o da sexualidade implícita, como adormecida, quase esquecida. Não a despertemos rápido demais. O corpo não está pronto. A alma não está pronta. Pureza? Inocência? São palavras de adultos. Para a criança, é antes um certo silêncio, uma certa distância, que deve ser respeitada. Talvez seja o que chamamos pudor, e as crianças são pudicas, quase todas, quase sempre. São menos ingênuas do que pensamos, ou que fingem ser. Sabem, mesmo que obscuramente, de onde vem o perigo. Preparam-se para ele, protegem-se dele como podem, contra os outros, contra si mesmas. Nossa sociedade não lhes facilita essa tarefa, bombardeando-as com sexo e violência. Um motivo a mais para protegê-las mais intensamente.

Lentidão da infância: lentidão muito sábia da vida no seu começo. Depois, tudo se acelera, tudo se transforma. Crescimento, puberdade, adolescência... O corpo governa. A mente acompanha como pode. A infância fica apenas na lembrança. É uma lembrança que nos habita, ou somos nós que a habitamos. Não existe gente grande. Existem apenas crianças que deixaram de sê-lo, que disso se consolam como podem. "Cada qual empurra a infância para a frente, dizia Alain, e é esse nosso futuro real." O futuro estaria, pois, atrás de nós? Não. Mas ele chega, e é o que chamamos de presente. Lamento ou saudade, rancor ou alívio. O alívio, em mim, prevalece faz tempo. Aos vinte anos, tinha a sensação de que o pior já tinha passado. Estava enganado. Nem por isso deixo de empurrar minha infância para a frente, como todo o mundo. O alívio pesa mais do que imaginamos.

IV

O adolescente

Depois da criança, há o adolescente. É a mais bela idade, pelo menos aos meus olhos, a mais cativante, a mais perturbadora, a mais perturbada também, e isso dá a ela um encanto a mais.

Não se sabe exatamente quando começa e quando termina. É mais um processo que um estado. Geralmente começa entre 12/13 anos para as meninas, 13/14 para os meninos (os "pré-adolescentes"), e termina lá pelos 20 (os jovens adultos). A puberdade, que se estende por vários anos, serve de ponto de referência ou de báscula, sem que se possa contudo reduzir a adolescência a uma simples transformação fisiológica. Mesmo assim, que transformação! O desenvolvimento dos órgãos genitais, o aparecimento dos caracteres sexuais secundários (os seios que se desenvolvem nas meninas, a voz que muda nos meninos...), a fecundidade que se instala, o crescimento que se acelera, o corpo inteiro que se modifica... Por muito menos já ficaríamos desestabilizados. Mas há também a relação com os pais, que já não é a mesma, a relação com os amigos, a relação com a sexualidade, a relação consigo mesmo e com o mundo... Você se questiona, se procura, se opõe. É a idade dos contrastes, das contradições, dos conflitos, inclusive internos. Tudo se mistura. Narcisismo e generosidade, exaltação e melancolia, conformismo e revolta, solidão e espírito de grupo, timidez e excentricidade, sede de absoluto e de reconhecimento... Como a vida é difícil, incerta, hesitante! Você já não é criança, ainda não é adulto. Você não *é*, torna-se. Acampa provisoriamente no provisório, na impermanência, no inacabado. É a única eternidade verdadeira. Você ainda não sabe disso. Gostaria de parar. Gostaria de avançar. Procura o próprio caminho do jeito que dá, entre a família e os amigos, entre o *já não* e o *ainda não*, como em trânsito no eterno vir-a-ser. Não finge ter chegado. Finge um pouco ser você mesmo, é bem preciso (se não, como vir a sê-lo?), mas sem acreditar totalmente nisso. Tudo é mais trágico que sério. Com 17 anos, não somos frívolos, somos impacientes, estamos cansados. Os pais dizem que é o crescimento, os estudos, as noitadas longas demais, as noites curtas demais... Mas é sobretudo porque a vida é cansativa, chata, decepcionante, porque ainda nos falta treino ou resignação. Entediamo-nos muito. Estamos cheios de desejos e inquietações. Não somos felizes. E gostamos bastante disso. "A melancolia", dizia Hugo, "é a felicidade de estar triste." Essa felicidade se parece com a adolescência, que é a idade romântica por excelência (a única idade, diria eu, em que o romantismo é outra coisa que não mentira ou bobagem). Você odeia sua família, a sociedade, a terra inteira. Prefere seus sonhos. Prefere seus ideais. É a idade das grandes revoltas, das grandes raivas, dos grandes desesperos (o suicídio é, entre os adolescentes, a segunda causa de mortes, logo depois dos acidentes automobilísticos), dos grandes sentimentos, dos grandes ódios. Você se firma opondo-se. É o espírito da adolescência, que sempre nega, e talvez seja o próprio espírito. Azar dos pais. Sorte da humanidade. "Quando são pequenas, escrevia Oscar Wilde, as crianças gostam dos pais. Mais tarde, julgam-nos. Às vezes, elas os perdoam." A adolescência é a hora desse julgamento; a maturidade, desse perdão. Mas não avancemos rápido demais. Primeiro, é preciso julgar, condenar, queimar o que adoramos, matar o pai, ferir a mãe, partir os ídolos e os simulacros, transgredir os tabus e os interditos. Como eu dizia, não nascemos livres, tornamo-nos livres. A adolescência é o momento desse tornar-se e dessa libertação. Isso dói. Isso causa medo. Isso faz bem. Você não sabe onde está. Não sabe para onde vai. Sabe menos o que quer do que o que recusa, menos o que espera do que o que teme. Ainda bem que existem os amigos, as amigas, a música, a solidão! Ainda bem que existem o colégio e as férias! Entediamo-nos nos dois. Aprendemos nos dois. Ainda bem que existem os livros – para aqueles que ainda lêem – e o cinema! Ainda bem que o tempo passa e dane-se se ele nos leva! Não suportamos esperar. Queremos viver no presente e não sabemos. Estamos no começo de tudo, exceto da infância. Somos só um esboço; ainda não sabemos que esse esboço é uma espécie de perfeição, talvez a única que nos será dada, quase sempre aquela que mais se parecerá conosco (acho que é o meu caso: não há idade em que melhor me reconheço que nos meus 17 anos), que nunca mais deixará de nos acompanhar, de nos julgar, de nos envergonhar às vezes. Somos imaturos. Exigentes. Estamos cheios de entusiasmo e de severidade. Cheios de rigor e de mais ou menos. Cheios de ingenuidade e de desespero. Somos jovens. Grandes. Enchemos o saco deles. Ai! Como a vida é lenta, e como passa depressa!

Tinha escrito primeiro: "Somos jovens. Belos. Enchemos o saco deles." Mas a beleza, mesmo durante a adolescência, não é dada para todos. É mais uma injustiça. Mais um problema. Para muitos, sobretudo perto do fim, a adolescência é a idade ingrata. Para outros, sobretudo no começo, a idade da graça e da poesia... Quase todos, contudo, são mais belos do que acham e do que serão mais tarde. Beleza do diabo ou do anjo, ainda mais impressionante para os adultos, mais atraente, mais perturbadora, por ser os dois ao mesmo tempo... Mas os adolescentes não sabem disso, ou só sabem por ouvir dizer. A juventude só é um milagre para os velhos.

Lembro-me de uma noite na casa de amigos, muitos anos atrás. A filha deles, então com 14 anos, tinha saído: estava fazendo *babysitting*, explicaram-me os pais, na casa de vizinhos... Então, logo após a meia-noite, ei-la que volta para casa, que entra timidamente na sala... Deslumbramento. Fascinação. Era muito mais que desejo e algo bem diferente. Pela primeira e última vez na vida, vi um Botticelli vivo diante de mim, e não era nem pintura nem alucinação! Os anos passaram. A filha de meus amigos tornou-se uma linda jovem, segura de si e de sua beleza. Mas sem aquele charme quase sobrenatural de seus 14 anos, que ela ignorava e que não voltará.

Aquela beleza era excepcional. O que é bem banal, em contrapartida, é o charme da juventude, especialmente o charme da adolescência, com o que ele quase sempre tem de improvisado, desajeitado, desgrenhado, frágil, espontâneo... Não dura muito. Lembro-me, quando lecionava na universidade, das jornadas "Portas Abertas" que organizávamos todo ano para os alunos de terceiro ano do ensino médio em busca de informações... Naquele dia, algumas dezenas de colegiais vinham se misturar aos nossos estudantes de primeiro ano, nos corredores e até nas salas de aula... Não guardo quase nenhuma recordação dos garotos. Mas das moças sim. Como eram diferentes das nossas alunas! Contudo tinham apenas um ou dois anos menos. Mas pareciam mais naturais, mais simples, mais vivas, mais divertidas, mais surpreendentes... Nossas alunas eram moças que fingiam ser mulheres, ou jovens mulheres que ainda não tinham aprendido a sê-lo. Muita seriedade e falta de jeito. Em alguns anos, elas iriam vestir-se melhor, pentear-se melhor, maquiar-se melhor... Muitas, aos 30 anos, serão mais belas que aos 20. Mas a maioria, aos 20 ou 22 anos, já tinha perdido aquele encanto efêmero e desengonçado da adolescência, que eu tanto amara quando lecionava no colégio e que reencontraria por um dia, anos mais tarde, incrivelmente intacto e novo... Talvez eu esteja apenas expondo minhas predileções aqui (embora, desde a pré-escola, eu só tenha amado mulheres da minha idade). Contudo, ainda que fosse assim, não se pode negar a diferença. Uma moça e uma garota, um jovem e um adolescente não são a mesma coisa. Os primeiros começaram a envelhecer. Os segundos ainda não terminaram de crescer completamente. Aqueles estão no mundo dos adultos. Estes se preparam para entrar nele, lentamente, dificilmente, sem acreditar totalmente nele.

Como não teriam um pouco de medo? Gostaríamos de lhes transmitir segurança. A verdade é que não sabemos se devemos invejá-los ou sentir pena deles. Então falamos de outra coisa. A adolescência desestimula a conversa e a incita. É a idade dos segredos, das confidências, dos sonhos inconfessáveis... Os adultos não têm acesso a eles, e é bom que seja assim. A infância é um milagre e uma catástrofe. A adolescência, um mistério e uma promessa. Mas só será possível cumpri-la mais tarde.

V
Amar

O grande negócio é sem dúvida amar. Mas quem poderia amar sem ser amado primeiro? Quase sempre, é nos braços de uma mulher que começamos, encostados no seu coração, no seu peito, no fundo de seu sonho e de seu amor... Ela nos amou primeiro, eis o ponto decisivo, não só antes de todas as outras, mas antes que a amássemos, antes que a conhecêssemos e até antes de nos conhecer. Ela nos amou sem razão, quero dizer, sem razão que nos dissesse respeito pessoalmente. Não sabia nada de nós, apenas que éramos seu filho (inclusive as mães adotivas: senão, não seriam mães), que precisávamos dela, tínhamos necessidade de seu amor, necessidade de sua necessidade... É o contrário da caridade, uma vez que esse amor é tudo menos universal e, apesar disso, o que mais se parece com ela, pelo caráter absoluto, pelo desinteresse (sim, apesar do egoísmo, apesar da possessividade, apesar da paixão: ela o amaria ainda que ele jamais a amasse), pelo desprendimento de si e de tudo. É o amor incondicional por excelência (ou seja, sem outra condição senão esta: ser seu filho) e talvez o único de que sejamos capazes. Nunca nos recuperaremos disso, menos ainda se ele vier a faltar. O amor é a primeira graça e a única.

Não devemos idealizar as mães. A minha, para ser claro, era muito imperfeita, patológica até. Mas amou-me como ninguém, e eu a amei, e ainda a amo, loucamente. De sua morte, consolei-me depressa. De sua vida, ficarei para sempre inconsolável. Enfim, ela me ensinou a amar, mesmo que mal, e essa é a primeira coisa que uma mãe deve ensinar aos filhos.

Que os pais também possam amar, e amar loucamente, é algo que não ignoro: aprendi a contragosto, como pai dessa vez, por meio da angústia, da apreensão, do horror às vezes. Que o amor seja uma alegria, como diziam Aristóteles e Espinosa, é no que creio e já o expliquei várias vezes. Mas isso apenas o expõe mais à infelicidade ou à angústia. Pode haver algo mais doloroso que uma alegria que nos é arrancada? Pode haver algo mais angustiante que uma alegria ameaçada? Aquele cuja existência nos alegra, cuja felicidade é a nossa felicidade, como não ficar dilacerado se ele vier a sofrer? "Ser pai", dizia Victor Hugo, "é oferecer reféns ao destino." Essa é uma frase que meu pai sempre repetia (também ele devia nos amar, à sua maneira...), e que agora me pego dizendo para mim mesmo. Que Deus seja pai é a única religião que vale. Mas os pais não são Deus e oram em vão.

Esse amor – o da mãe, o do pai – não se parece com nenhum outro. No entanto, não é por acaso que, em quase todas as línguas, seja a mesma palavra que se utiliza para expressar também o amor que temos pelos amigos, pela esposa ou pelo marido, pelo homem ou pela mulher por quem estamos apaixonados... "*I love you!*" Essas mensagens perturbadoras murmuradas nos celulares em Nova York, no dia 11 de setembro de 2001, instantes antes de morrer, endereçavam-se indiferentemente aos pais ou aos filhos, ao cônjuge ou ao amante, ao amigo ou ao irmão, e, com efeito, era a única coisa a dizer, em todo caso a mais urgente, a mais necessária, a única, sem desculpar nada, sem impedir nada que pudesse justificar uma existência. Não é verdade que o amor seja mais forte que a morte. Mas sem amor – e, para começar, sem amor pela vida – ninguém escolheria viver, como dizia Aristóteles, ou então essa escolha (supondo-se que tenha sido feita assim mesmo, por exemplo, por medo da morte) não valeria nada. É o amor que vale, já que é só por meio dele que existe valor. É o amor que faz viver, pois só ele torna a vida amável.

"Em razão da fraqueza de nossa natureza", escreve Espinosa, "é necessário amar algum objeto e nos unir a ele para existir." Somos fracos demais para vivermos sós. Fracos demais para nos bastarmos. E mesmo egoístas demais para sê-lo absolutamente. Amar apenas a si? Isso seria amputar-se do mundo e da humanidade, fechar-se no próprio espelho, na própria miséria, nas próprias angústias. Não amar nada? Isso seria viver sem alegria, sem prazer, sem desejo – seria já estar morto. É o que nossos médicos chamam de melancolia, no sentido psiquiátrico do termo (não mais "a felicidade de estar triste", que faz parte da condição humana, mas "a perda da capacidade de amar", como dizia Freud, que conduz apenas ao nada), não tanto uma filosofia, ainda que niilista, mas uma patologia. Doença mortal, urgência psiquiátrica: o suicídio, se não houver tratamento, é um perigo a curto prazo. Não se pode viver sem amor, e essa fraqueza é nossa força, e essa força – o poder de amar: o desejo, o *conatus*, a alegria – é a única fraqueza que vale.

Não retomarei o que já mostrei em outro lugar sobre as três principais formas do amor: *éros* (a falta, a paixão amorosa: o amor que toma), *philía* (a amizade: o amor que se regozija e compartilha) e *agápe* (a caridade: o amor que dá e que perdoa, que acolhe ou recolhe)... Talvez fosse preciso um outro nome para o amor parental, tanto ele é diferente dos outros, tanto é singular (e no entanto o mais difundido, e singular também por isso...). Mas pouco importam as palavras ou as categorias. Entre a paixão e a amizade, por exemplo, a fronteira pareceu-me quase sempre tênue ou flutuante, sem que o desejo sexual baste, como há quem afirme, para fazer a diferença. Já me aconteceu de amar apaixonadamente algum de meus amigos homens sem sentir por ele o menor desejo, de desejar violentamente uma mulher que eu não amava nem um pouco, ou de me apaixonar por alguma outra que eu não desejava especialmente... Depois me aconteceu de amar apaixonadamente aquela que eu desejava mais que todas, minha amante, minha amada, minha irmã, minha mulher, que também era e ainda é minha melhor amiga... Não conheço nada mais belo que um casal, quando é feliz, e ainda mais, talvez, porque nem sempre o é. Façam o que fizerem os libertinos, façam o que fizerem os misantropos, a humanidade só é completa a dois, como diz meu amigo Tzvetan Todorov, e é por isso que é o casal, como dizia Alain, que salvará o espírito.

"Estar apaixonado é um estado", dizia Denis de Rougement; "amar, um ato." O casal, quando o amor sobrevive à coabitação, quando nela cresce, permite que passemos desse estado (o amor-paixão: aquele que sofremos) para esse ato (o amor-ação: aquele que fazemos, cultivamos, assumimos). É preciso ser bem jovem ou bem ignorante para não ver nisso um progresso. Estar apaixonado é sentir falta de alguém: *I need you*; *te quiero*... Amar é não sentir falta de nada: é fruir e regozijar-se de uma presença, de uma existência, de um amor. Cuidado, contudo, para, entre esses dois pólos, não absolutizar a diferença. Não há nada mais relativo, nada mais flutuante que nossas histórias de amor. Por força de nossa finitude, há sempre uma falta em nós, sempre paixão ou passividade, sempre dependência, sempre uma criancinha que busca um seio ou um amor. E quase sempre bastante força ou alegria para dá-lo, ao menos um pouco. "A criança só sabe pegar", dizia Svâmi Prajnânpad, "é o adulto que dá." Isso pelo menos indica o caminho. Comumente, começamos por amar aquele ou aquela que não temos, que nos falta, que gostaríamos de possuir e conservar; depois aprendemos a nos regozijar, no melhor dos casos, com o que ninguém jamais possuirá, que é a existência do outro, a liberdade do outro, o amor do outro... O casal não é o contrário da solidão: é um modo de vivê-la juntos, sem negá-la ou renegá-la, sem aboli-la ou traí-la. "Na medida em que somos sós", escrevia Rilke, "o amor e a morte se aproximam." Também a solidão e o amor, na medida – sempre finita – em que vivemos.

Que tudo isso começa na sexualidade – no mais obscuro do homem e da mulher, no mais animal, no mais bestial, e nem por isso menos humano – é o que ninguém ignora e que constitui como que um prazer a mais, um distúrbio a mais, que nos fascina, que nos assusta, que nos move e nos comove. Maravilhosa obscenidade dos corpos. Alegre repetitividade do desejo. Perturbadora intimidade das carícias. Esplendor da volúpia. E tanta violência, e tanta doçura, e tanta ternura! Poder de fruir. Poder de se regozijar. O sexo é uma noite e um sol. O amor – quando amor há – é sua luz e seu repouso.

Eu te amo: preciso de ti e de teu amor, de teu corpo e de teu sorriso, de teu olhar e de tua paz. Para ser feliz? Sim, quando possível. E, para suportar não sê-lo, quando a felicidade falta.

Se o amor fosse onipotente, seria Deus. É então sua fraqueza que nos torna humanos, e tanto mais, contudo, quanto mais amamos.

Que o amor seja Deus é algo duvidoso (já que o amor existe e Deus poderia não existir); mas que Deus, se existe, é amor, eis o que, faz ao menos dois mil anos, não podemos nos impedir de pensar. Senão, como poderíamos amá-lo e acreditar nele?

Que haja nisso algum antropomorfismo é no que creio e o que me faz ateu, mas é também o que diz muito sobre a humanidade ou sobre o que ela se tornou. Não é Deus que é amor: é o amor, no homem, que faz sonhar com Deus.

"Mas, perguntam-me com freqüência, se esse amor não vem de Deus, de onde viria?" Isso me remete ao meu começo: vem de Deus ou das mães. A minha era imperfeita demais, frágil demais, infeliz demais – e, no entanto, amorosa demais – para que eu possa crer em outra coisa. Isso me basta. O amor, mesmo o mais fraco, o mais doentio, vale mais que alguma onipotência que fosse sem amor.

Cabe então ao amor julgar a religião, não à religião julgar o amor. É o que chamo de espírito de Cristo – o espírito do Filho – e o contrário do fanatismo.

VI

Em nome do filho

Falo em nome do filho. Falo em nome próprio. Essa singularidade, a primeira, a mais decisiva, é o quinhão de cada um. Que homem, que mulher, não é filho ou filha? São conhecidas as palavras ácidas de Jules Renard: "Nem todos têm a sorte de ser órfãos." Mas os órfãos são filhos (senão, não seriam órfãos), e é a isso que todo ser humano, mesmo de pais desconhecidos, deve sua existência. Ninguém é obrigado a ser pai ou mãe; ninguém é dispensado de ser filho ou filha.

O que é um ser humano? Um animal de dois pés sem penas, como dizia Platão? Um animal político, como dizia Aristóteles? Um animal que fala? Que raciocina? Que ri? Nada disso. O débil profundo jamais falará, jamais raciocinará, jamais rirá... Ele não é menos *humano* por isso, já que nasceu de um homem e de uma mulher. Biologismo estrito, aqui, e de proteção. Homem, porque filho de homem. Todos nascidos de uma mulher, o que equivale, para nós, ao próprio nascimento. É certo que se pode imaginar, e talvez se possa um dia fabricar, um homem que não será mais filho, uma mulher que não será mais filha. Creio ser isso, precisamente, que devemos impedir. Por quê? Para preservar, no homem, o que decorre da filiação, e que é o próprio homem, ou seja, a humanidade do homem. Pois, embora a humanidade seja um fato natural, só se torna humana pela cultura. É esse duplo capital que importa preservar, reproduzir, transmitir: capital biológico (a espécie humana), capital cultural (a civilização); e, entre os dois, a filiação constitui a passagem ou o compromisso. A humanidade é um dom, tanto pela carne como pelo espírito: é filho ou filha quem recebe. E primeiro se recebe, sempre. Caso contrário, não se teria nada para dar.

Onde começa, onde termina a família? Isso depende das épocas e das culturas. No entanto, do meu ponto de vista, que não é etnológico, responderia simplesmente: a família começa no filho. É por isso que ela não termina enquanto os filhos viverem ou fizerem filhos. Um lar sem criança não é uma família, é um casal, ao passo que uma mãe solteira, que cria sozinha seus filhos, é evidentemente uma família. Dois adultos que adotam uma criança são uma família. Um casal que abandona o seu filho não é. A família é a filiação aceita, assumida, cultivada: é a filiação segundo o espírito, e o devir-espírito da filiação.

A família é um fato universal, sublinha Lévi-Strauss, o que a liga à natureza. Mas sua forma não o é, o que a liga à cultura. Como explicar que um mesmo fenômeno – a família – possa depender da universalidade da natureza e, ao mesmo tempo, da particularidade regrada da cultura? É que a família realiza concretamente – não de uma vez por todas, mas em cada geração, e para cada indivíduo de cada geração – o que a proibição do incesto apenas institui formal ou negativamente: a *passagem* da natureza para a cultura, da humanidade biológica para a humanidade cultural. Em outras palavras: da filiação segundo a carne para a filiação segundo o espírito, da humanidade como espécie para a humanidade como valor.

Nos anos 50, falou-se muito que não existia natureza humana. Era fazer pouco caso da biologia. Se a humanidade não se devesse, ao menos em parte, à natureza, por que nos preocuparíamos tanto com as manipulações genéticas? O que é verdade, contudo, é que essa natureza biológica do homem (o que recebemos pelos genes) ainda não é garantia de sua humanidade. Nesse sentido, e apenas nesse sentido, pode-se dizer que não existe natureza humana: não por não haver nada de natural no homem, o que a biologia desmente facilmente, mas porque o que há de natural nele não é humano (*homo sapiens* é apenas um animal como qualquer outro) e porque o que há de humano nele não é natural (nenhum valor, nenhuma civilização é suscetível de transmissão hereditária). Darwin, mais humanista do que se crê. O homem não descende do macaco, ascende a ele; e isso tanto pela cultura quanto pela natureza (mesmo que evidentemente só seja possível graças a esta última). Por não haver transmissão hereditária dos caracteres adquiridos é que a educação é tão decisiva. A cada nascimento a humanidade tem de ser refeita, e é isso o que se chama criar um filho. Ora, o que é preciso para fazer um homem? Um outro homem, uma outra mulher: uma família. "É o homem que gera o homem", gostava de repetir Aristóteles; mas dizia também, o que é menos citado, que "o homem é um animal familiar". É preciso segurar as duas pontas da cadeia, lado biologia e lado cultura, e é na família que elas se juntam. O homem gera o homem e cria a humanidade: a família é o lugar dessa geração e dessa criação.

O fato de que ela se institua para nós por um interdito (a proibição do incesto) não é indiferente. É onde o desejo – pela interdição, pela sublimação – se torna amor. Não haveria amor de outra forma. Haveria apenas pulsão. Haveria apenas desejo. Édipo é o irmão de todos nós. É sua noite que nos ilumina.

Não se deve idealizar as famílias, e de nada serve odiá-las tampouco. Penso em Gide, no seu *Famílias, eu as odeio*, que nos seduziu demais na nossa adolescência para não comportar uma parte de verdade. A família também é uma prisão, da qual será preciso sair. Mas o que colocar no lugar? O orfanato ou a esterilidade também têm seus inconvenientes.

A família não é o contrário da solidão. Primeiro, porque se está tão só na própria família quanto em qualquer outro lugar; em seguida, porque as famílias são feitas para serem deixadas. A proibição do incesto, explicam os etnólogos, importa menos pelo que interdita do que pelo que impõe: a troca sexual com outras famílias, donde resulta (pela aliança *entre* famílias) a sociedade. O que não posso encontrar no interior de minha família – a fruição sexual do corpo do outro – devo procurar fora, numa segunda família, e é o que permite, ou impõe, fundar uma terceira... "Em todos os casos, observa Lévi-Strauss, a palavra das Escrituras: 'Deixarás teu pai e tua mãe' fornece a regra de ouro (ou, se preferirem, sua lei de bronze) para o estado de sociedade." A família é a condição da vida social: representa a natureza na cultura, pela filiação, e a cultura na natureza, pela proibição do incesto. É o cadinho onde animalidade e humanidade não cessam de se fundir. É a vida que precede a lei e a ela se submete: realiza a passagem da natureza para a cultura, impondo a passagem da família para a sociedade.

A família, que dá tudo ao filho, termina assim por dar o próprio filho. Para quem? Para um outro homem, uma outra mulher, por certo, mas também – em primeiro lugar e sobretudo – para ele mesmo. É esse último dom, o mais belo, o mais difícil, que se chama *liberdade*. Isso não é verdade em toda sociedade, especialmente para as meninas, mas o é na nossa, e tem de sê-lo cada vez mais no mundo. A família dá e perde: dá *para* perder, até, para que o filho se vá, e essa é a única vitória que os pais podem esperar.

Do fato de que nas famílias haja às vezes tanto peso, tantas tensões, tantos sofrimentos, tantos ódios, eu, como quase todos, estou em boa posição para saber. Mas, afinal, a família é tão antiga quanto a humanidade, e isso também deve ser levado em consideração. Como ver nisso apenas uma simples coincidência? Sem a família, nada de humano teria sido possível e nós lhe devemos, para sempre, o essencial: a lei, que liberta do desejo, e o amor, que liberta da lei.

Como não pensar no Antigo e no Novo Testamento? É o que há de belo nessa religião que foi a nossa: que Deus tenha uma família, que ele seja também *filho*. Era a condição para que não fosse apenas um deus, como o primeiro ídolo que apareceu, mas um homem. É também o que justifica o título deste capítulo. "Em nome do filho" tem um duplo sentido: em nome do filho que se é, é a moral; em nome do filho que se tem, é o amor. Entre os dois? A fidelidade, que impõe transmitir o que se recebeu, e melhor, se possível. Palavra de filho, palavra de fiel: "Não vim abolir, mas realizar."

São muitas palavras pomposas, peço que me desculpem. Felizmente, os filhos cobrirão tudo isso com seus gritos, que nos farão sonhar com o silêncio... Mas nós, os pais, sabemos bem do que se trata e sabemos que estas palavras pomposas dizem, contudo, algo de essencial, que fala à nossa experiência e ao nosso cansaço, algo infinitamente simples e infinitamente perturbador. O quê? Que a grandeza do homem está toda na fragilidade da criança. É o espírito do filho, que é feito todo de graça, e o único espírito que conheço, e a única graça que venero.

VII

Trabalhar

Depois há o trabalho, que cansa, alimenta, que pede e permite o repouso. Nos primeiros anos, as crianças o desconhecem: a vida e a brincadeira bastam-lhes. Só vão descobrir o trabalho na escola, como uma brincadeira de um novo tipo, que justamente não consistiria mais em brincar, mas em trabalhar, estudar. A diferença entre os dois? Aproximadamente a que leva do princípio de prazer ao princípio de realidade. A brincadeira, ainda que possa servir para outra coisa (para o descanso, o aprendizado, o exercício…), basta-se a si mesma, como fim, pela satisfação que nela encontramos. O trabalho, mesmo agradável, o que raramente é, tende sempre para alguma utilidade exterior (um produto, um progresso, um salário…) que justifique o tempo e a energia que lhe dedicamos. A brincadeira é um fim suficiente; o trabalho, um meio necessário. A brincadeira, considerando-a em si mesma, não tem efeito irreversível (o que uma parte fez a outra parte sempre pode ignorar ou desfazer); o trabalho, ao contrário, efetua-se de verdade. O exercício errado será corrigido mas não anulado pelo exercício certo; a peça defeituosa será substituída mas não abolida pela peça sem defeito. Os alunos sabem bem disso: as notas se somam, não se anulam. Os pedreiros sabem bem disso quando têm de derrubar a golpes de marreta e de buril a porção de muro defeituosa que construíram. Não é um trabalho no lugar de outro, que seria o mesmo que nada; é um trabalho a mais, uma fadiga a mais, tempo e dinheiro a mais, o que irrita o patrão e o cliente... O trabalho, salvo exceção, não é uma brincadeira. Requer esforço, seriedade, rentabilidade. Por isso é remunerado. Trabalharíamos se não fosse assim? Toda labuta merece salário. É mais ou menos o que o trabalho significa – pelo menos desde que se saiu da escravidão e do voluntariado. "Ganharás teu pão com o suor do teu rosto." Mas é o pão que vale, que é necessário e bom. O trabalho é apenas um meio: vale apenas sob condição de ser útil, e ser útil, direta ou indiretamente, para outra coisa que não o trabalho. Trabalhar por trabalhar é loucura ou prisão. Pensando bem, a ociosidade valeria mais a pena.

Engana-se sobre o trabalho quem vê nele apenas um fim em si ou mesmo um valor moral. É o que provam as férias e o salário. Trabalhar? É bem preciso. Mas quem o faria *de graça*? Quem não prefere o repouso, o lazer, a liberdade? O trabalho, considerado em si mesmo, não vale nada. Por isso é pago. Ele desgasta. Por isso pede repouso. Não *é* um valor (moral); por isso *tem* um valor (mercantil). Não é um dever. Por isso tem um preço.

Um valor é o que vale por si só. Como o amor, a generosidade, a justiça, a liberdade... Para amar, quanto você cobra? Já não seria amor, seria prostituição. Para ser generoso, justo, livre, precisam lhe pagar? Já não seria generosidade, mas egoísmo, já não justiça, mas comércio, já não liberdade, mas servidão. Para trabalhar? Você cobra alguma coisa e evidentemente tem razão; aliás, quase sempre acha insuficiente o que lhe dão (sim, não é um dom, é uma troca), o que está registrado no seu holerite, contracheque, recibo ou nota de serviços... Há um mercado de trabalho, submetido, como qualquer mercado, à lei da oferta e da procura. Como o trabalho poderia ser um valor moral se está à venda?

Sei bem que se trabalha às vezes gratuitamente. Mas isso não significa que se trabalhe de graça, muito pelo contrário! Será que a mulher que faz a própria faxina, o homem que reforma a própria casa, o fariam gratuitamente se fosse a casa de um desconhecido? É trabalho não comercial, mas é trabalho: uma atividade útil, cansativa ou fastidiosa, que cria ou mantém valor. Nem o voluntário escapa disso. Se trabalha é por outra coisa que o trabalho (uma causa que crê justa, amizades que faz, um divertimento que encontra…). Mesmo o escravo não escapa disso. Se trabalha é para escapar da morte: trabalha para viver, como todo o mundo, e seria louco se vivesse para trabalhar.

Aristóteles, com seu genial bom senso, disse o essencial: "O trabalho tende ao repouso, e não o repouso ao trabalho." Enganam-se os patrões que crêem que descansamos à noite para poder trabalhar o dia todo, que descansamos nos fins de semana para poder trabalhar a semana toda, que tiramos férias para poder trabalhar o ano todo… E que talvez nos aposentamos para poder trabalhar a morte toda? Com certeza o inverso é que é verdadeiro: trabalha-se o dia todo, ou toda uma parte do dia, para ter um teto onde dormir e fruir as noites; trabalha-se a semana toda para poder aproveitar os finais de semana, o ano todo para poder pagar as férias, enfim, durante 40 anos, ou quase, para poder aproveitar a aposentadoria… É assim mesmo. Trabalha-se para o lazer, eis o ponto, ou seja, para o tempo livre (o *otium* dos antigos), para a vida tal como ela é – a própria, a dos próximos –, tal como pode ser, tal como deve ser, certamente não inativa (inclui atividades esportivas, intelectuais, políticas, artísticas…), mas livre, o máximo possível, de obrigações e de desconforto. A civilização do lazer? É a própria civilização. Os antigos sabiam disso, por isso tinham escravos. Cabe a nós, que felizmente já não os temos, redescobri-lo.

Mas isso exige tempo disponível. Toda essa gente que dorme no metrô ou no trem quando vai para o trabalho ou dele volta mostra, pela exaustão, que mesmo nas nossas sociedades modernas estamos muito longe do excesso de lazer. Trinta e cinco horas? É muito para o indivíduo se o trabalho é tedioso ou extenuante. O único problema é saber se é suficiente para a sociedade, isto é, para criar a riqueza de que precisamos para fazer diminuir, como urge fazer, a pobreza ou a miséria… Não tenho competência para avaliá-lo. Que não nos peçam, contudo, para adorar o trabalho! Nenhum mestre espiritual jamais o fez, nem Jesus (que eu saiba, ele não disse: "Trabalhai uns e outros como Deus trabalha"), nem Sócrates, nem Buda...

Que o trabalho é importante, útil, necessário, não sou eu quem irá negá-lo. Que venho fazendo há tantos anos senão trabalhar? Mas ele só vale relativamente a outra coisa, que vale absolutamente ou por si. É por isso que nem todos os trabalhos, diga-se de passagem, se equivalem. Aquele estudante que se dedica apaixonadamente a seus estudos, que bom!, preferiria não precisar de outro trabalho, puramente alimentar, para financiá-los... E aquele outro, que se aborrece em aula, talvez possa desabrochar no ofício que está preparando ou esperando... O trabalho é bom? Depende do trabalho, do objetivo e do resultado. Que diferença também há aí com os valores morais! Para que ser feliz, livre, justo? Não há resposta, não pode haver, e é por isso que a felicidade, a justiça ou a liberdade valem absolutamente. Para que trabalhar? Tem de haver uma resposta, caso contrário, não se trabalharia. Os operários que exigem um salário sabem bem disso. Assim como os patrões que o pagam. O trabalho é apenas um meio, insisto, não um fim. O que é bom é a vida, a felicidade, a justiça, a liberdade; o trabalho só tem sentido a serviço delas, nunca no lugar delas.

"Mas veja, dizem-me freqüentemente, essas pessoas desempregadas há muito tempo: por se sentirem inúteis, perdem o sentimento de dignidade..." Se for verdade, isso confirma que o trabalho vale apenas pela utilidade, não por si mesmo. Mas será verdade? E por que não deploramos, então, os poucos bilionários que vivem de renda? O que falta ao desempregado em primeiro lugar não é o trabalho; é o dinheiro, a ação coletiva, a integração eficaz na aventura humana. Que o trabalho seja quase sempre necessário para isso não há dúvida. Porém, se ganhar na Loteria, você não terá dificuldade de encontrar o modo de agir e de se integrar de outra forma...

De resto, se todos os homens são iguais em direitos e em dignidade, como devemos pensar, exclui-se que essa dignidade dependa do trabalho ou que ele permita medi-la. É simples: precisamos de dinheiro para viver e precisamos quase sempre nos sentir úteis para sermos felizes. É por isso que o trabalho é uma grande coisa, embora menos que o que ele possibilita (o prazer, o repouso, a liberdade...) ou exige (a coragem, a inteligência, a criatividade, o rigor, a solidariedade, a responsabilidade...). O trabalho não é nem um valor (no sentido dos valores morais ou espirituais) nem uma virtude. Mas o amor ao trabalho bem-feito é um valor, assim como a preguiça ou a negligência são defeitos. É por isso que o trabalho é bom, apesar do cansaço, mas apenas o é, como qualquer meio, sob a condição de ser bom *para outra coisa*.

Luto aqui contra o que me parece ser o principal perigo, pelo menos nos meios que freqüento, que é a idolatria do trabalho. Cuidado, todavia, para não cair no excesso inverso, que seria o desprezo e a rejeição a ele. Não gosto da preguiça, e tenho horror à apatia. Elas nos tentam? Certamente. Mas talvez menos do que se pensa. Quem dentre nós nunca sonhou em poder viver de renda? Será que a Loteria, sem essa fantasia, teria tantos adeptos? O que fascina é menos a fortuna que o repouso – e menos o repouso que o lazer, o prazer, a liberdade, enquanto o trabalho, para quase todos, é sinônimo de cansaço, de obrigação, de servidão. O amor à liberdade é mais forte que a aversão ao trabalho. O sonho de felicidade, mais inebriante que a ociosidade. O que enfada no trabalho é menos o esforço que a alienação, a exploração, o tempo perdido ou roubado. O que nos tenta é menos a preguiça que outra atividade, mais independente, mais criativa, mais pessoal. Isso não é motivo para fazer do trabalho um absoluto. "Mesmo bilionário, objeta-me um amigo, você continuaria a escrever..." Com certeza. Mas parei de lecionar (e, sobretudo, de corrigir lições) desde que pude prescindir do salário. É que há trabalhos e trabalhos. Galbraith, em *The Economics of Innocent Fraud* [*A economia das fraudes inocentes*], sublinhou ironicamente: "A palavra *trabalho* aplica-se indiferentemente àqueles para quem ele é fatigante, fastidioso, desagradável, e àqueles que tiram dele manifestamente prazer e não vêem nele nenhuma obrigação... Usar a mesma palavra para as duas situações já é um sinal evidente de fraude." Há um trabalho que liberta e outro que massacra;

um que é criativo, outro que é alienante; um que é formador, outro que só sabe usar, deformar, estragar... Muitos sonham libertar-se deste só para poder se dedicar mais àquele. No entanto, seria errado exagerar ou congelar essa oposição. Essas duas espécies de trabalho vêm muitas vezes juntas, misturam-se ou se alternam, na mesma vida, na mesma profissão, são até mesmo indissociáveis. Corrigir lições? Excepcionalmente é um prazer ou um enriquecimento intelectual. Mas lecionar por sorte raramente é apenas um ganha-pão ou uma servidão. Isso vale também para os ofícios manuais. Vi trabalharem na minha casa, em Mortainais, pedreiros admiráveis, que transmitiam uma idéia elevada do homem, do esforço e do seu ofício. E não esquecerei o orgulho profissional daquele velho operário comunista, que aderira à CGT em 1936, aos 16 anos, no dia em que entrou pela primeira vez na fábrica Renault-Billancourt: "A primeira coisa que me disseram, no sindicato, foi que um bom sindicalista não podia ser um mau operário. Aprendi a lição. Nada de fazer trabalho porco!" Lutar? É preciso. Mas isso não dispensa de ganhar a vida, nem basta para fazer um trabalho bem-feito, nem autoriza a estragar o dos outros. O trabalho tomado em si mesmo não é uma virtude; mas o amor ao trabalho bem-feito, repitamos, é – por causa do amor, por causa do bem e por causa dos outros. É o contrário da negligência, da apatia, do *laisser-aller*, e já é uma maneira de resistir ao egoísmo. A solidariedade é uma grande coisa, mas não vale nada sem a responsabilidade de cada um. O lazer é uma grande coisa, mas ainda mais precioso na medida em que só é possível mediante o trabalho – o seu ou o dos outros, o que já diz onde está a justiça e onde está o abuso.

A vida é que é boa, não o trabalho. O prazer, não o sofrimento. A liberdade, não a servidão. É por isso que se precisa do trabalho: para que a vida seja possível ou para que seja mais humana (Marx: os homens só começam a se distinguir dos animais ao produzir os meios de sua própria existência), para que o prazer e a liberdade possam se desenvolver, bem como a cultura, a criatividade, a afetividade e o lazer... Portanto, nem idolatria ao trabalho, nem apologia da preguiça. O trabalho é apenas um meio, não um fim. Porém é o mais importante dos meios para a sociedade e um dos mais formadores para o indivíduo. Engana-se quem o adora por si mesmo, mas ainda mais quem o esquece ou despreza. Pode haver fim sem meios? Pode haver progresso sem esforços? Pode haver humanidade sem trabalho?

"É preciso trabalhar", dizia Baudelaire, "se não por gosto, pelo menos por desespero: no final das contas, trabalhar é menos entediante que se divertir." Essa frase sombria me deslumbrou ao término de meus anos de estudos, e talvez me tenha salvado. É que eu precisava ser salvo – como Baudelaire, como a maioria dos intelectuais ou artistas –, porque achava a vida em si mesma insuficiente ou vã... Precisei de vários anos, e muito trabalho, para sair um pouco disso, para compreender que quem tem razão é Montaigne, não Baudelaire, que, enfim, a vida não é uma obra de arte, nem um trabalho propriamente dito, porque não tem outro fim senão ela mesma, não tem preço, porque "ela é um fim em si mesma", como diz Montaigne – o que faria dela mais um jogo que qualquer outra coisa, não fosse o peso, em cada um de nossos atos, do irreversível, da fadiga e da responsabilidade.

O trabalho é uma salvação só para os perdidos; é uma terapia só para os loucos. Para os outros, é o que deve ser: uma obrigação, uma necessidade quase sempre, uma disciplina com freqüência e uma paixão às vezes, para os que gostam de seu ofício. Os que transformam o trabalho em felicidade têm muita sorte. Que não esqueçam, todavia, que é o amor que os salva, não o trabalho.

VIII

Juntos

Todos juntos! Esta se tornou, faz alguns anos, uma das palavras de ordem mais populares das nossas manifestações. *Slogan* paradoxal, uma vez que só nos manifestamos *contra* alguém. Mas justificado, já que só nos manifestamos em conjunto e sob a condição de estarmos unidos ao menos provisória e negativamente (durante a manifestação e contra aqueles que ela denuncia). Isso diz o essencial da vida social em geral, e da política em particular: que são sempre coletivas e conflituosas. "Insociável sociabilidade", dizia Kant. Porque os homens são maus? Não. Mas porque são egoístas, portanto, incapazes de viver sós.

Somos seres de desejo, e nossos desejos nos opõem. Porque são diferentes? Às vezes. Mais freqüentemente porque são idênticos ou convergentes. Vejam Hobbes, Espinosa, Pascal... Se dois homens desejam a mesma coisa – o mesmo campo, o mesmo poder, a mesma mulher... –, como poderiam não se tornar rivais ou inimigos? Se "o desejo é a própria essência do homem", como dizia Espinosa, o conflito é a própria essência da sociedade. Daí a violência ("a guerra de todos contra todos", dizia Hobbes). Daí também o Estado, a política, o direito, que tendem a superar essa violência e às vezes só o conseguem sob a condição de utilizá-la (o Estado arrogando-se – a expressão é de Max Weber –, "o monopólio da violência legítima"). Esse é o preço da liberdade nas democracias. Esse é o preço da paz em qualquer sociedade. Engana-se quem vê na paz ausência de conflitos, o reino do consenso ou do interesse geral em tudo. Se assim fosse, não teríamos mais necessidade de política: a administração e a técnica bastariam. Estamos longe disso, felizmente. Que restaria de nossa liberdade se os tecnocratas decidissem em nosso lugar? O interesse geral é apenas uma abstração ou um compromisso; só se torna efetivo depois de se ter decidido qual ele é, o que só pode ser feito por várias pessoas e contraditoriamente. É para isso que servem nossas eleições, nossos parlamentos, nossos referendos. Democracia não é ausência de conflitos; é uma maneira de assumi-los e resolvê-los – sem os abolir – sem ser pela violência. Uma eleição vale mais que a guerra civil. Um parlamento, mais que um tirano. Ainda é preciso que haja vários partidos diferentes, que não se oponham apenas sobre insignificâncias. Se não, para que o sufrágio universal?

A política, diria eu, ao contrário de Clausewitz, é a guerra continuada por outros meios. Equivale a dizer que é um dos mais formidáveis progressos da história da humanidade (esses meios valem, quase sempre, infinitamente mais que a guerra) e a única forma efetiva de paz. Por isso o apolitismo é um erro; o individualismo, um defeito. Ninguém luta sozinho, porque só se luta contra alguém, só se tem chances de ganhar, na escala da sociedade, junto com outros... Na verdade ninguém vive sozinho: toda vida humana supõe outras, que a geram, que a educam, que a acompanham, que cruzam com ela, que a perturbam, que a fortificam, contra as quais se apóia ou se opõe, se define ou se busca. O homem, dizia Aristóteles, é um animal político – a ponto, acrescentaria Marx, de ele só poder se isolar em sociedade. Com efeito, existe algo mais social que nossas solidões atuais?

Olhem essas pessoas andando na rua. Algumas estão sós, outras em casal ou em bando, outras falam nos seus celulares... A vida de todas é formada de outras vidas. Têm encontros, ou então vão fazer compras, ou vão trabalhar... Nada disso seria possível sem outras vidas humanas, que o permitam ou o justifiquem. Passeiam sozinhas? Seus pensamentos estão, quase sempre, habitados por seus familiares, seus colegas, seus amigos ou inimigos... O egoísmo é o contrário de um solipsismo. O amor-próprio, o contrário do autismo. Quanto mais amamos a nós mesmos, mais temos necessidade dos outros. Amamo-nos tanto melhor, ou tão mais intensamente, quanto menos nos amamos sozinhos. Caso contrário, iríamos querer ser amados? Poderíamos sê-lo?

Olhem essa multidão, numa reunião ou num espetáculo. Que entusiasmo, que comunhão, que intensidade de afetos ou de paixões! Que vitalidade, em cada um, multiplicada pela vitalidade de todos! É um perigo – pela violência, pela besteira, pela cegueira. As paixões se somam; as inteligências não. Existe algo mais besta que uma multidão? Mas é também uma força, pela união, pela fusão, pela alegria ou pela cólera compartilhadas. Um grupo é mais que uma soma de indivíduos. É um ser a mais, com suas reações próprias, sua lógica própria, sua desmedida própria... Para o mal, às vezes (o linchamento, o pânico, os massacres). Para o bem, outras vezes (a festa, a ação coletiva, a emoção compartilhada...). Freqüentemente para o bem e para o mal ao mesmo tempo. Vejam a Revolução Francesa ou a Libertação. Vejam, guardadas as devidas proporções, Maio de 1968 ou 10 de maio de 1981. Muita ingenuidade em todo lugar. Uma boa quantidade de tolices ou covardias. Alguns horrores aqui e acolá. Mas enfim a história avança; não se pode sempre ser delicado. "Nada de grande foi feito sem paixão", dizia Hegel. Isso vale também, na escala da sociedade, para as paixões coletivas. Que Jean Moulin ou o general de Gaulle valham mais que a multidão daqueles que assistiram aos funerais do primeiro ou ao triunfo do segundo é evidente. No entanto, sem a massa dos outros, esses dois teriam lutado em vão. Existem heróis solitários, ou melhor, todos o são. Mas eles só têm alguma chance de vencer apoiando-se nos outros, incontáveis, que não são heróis.

Ninguém vive só. Ninguém age só. No entanto, ninguém pode viver ou agir no nosso lugar. É onde a *solidão*, que é o quinhão de cada um, distingue-se do *isolamento*, que é uma infelicidade ou um fracasso. Que se está só no meio da multidão ou da família todo mundo sabe. Mas não é a mesma coisa estar só com outros que compartilham nossa vida ou nossa luta, e estar só sozinho, sem ninguém com quem dividir o que quer que seja. A solidão é uma dimensão da condição humana. O isolamento é produto de uma história ou de uma patologia. A solidão é a regra, o isolamento, a exceção. E a própria regra, como qualquer regra, só vale no seio da sociedade. Somos solidão, como diz Rilke. Somos sociedade, como diz Alain. É o fio e a trama de nossa vida, que só se separarão na nossa morte. Mas essa morte mesma, quando já não formos, existirá apenas para os outros.

Há grupos que causam medo, outros que não se pode deixar de desprezar um pouco, outros que fascinam ou seduzem... Isso depende dos grupos. Depende também do ponto de vista. Uma manifestação não é igual vista do meio da rua ou da calçada. Nem o público de um jogo de futebol, conforme seja torcedor ou não. Nem uma festa, conforme as pessoas se divirtam ou não... Ação? Paixão? As duas, quase sempre, ainda mais intensas por serem indissociáveis. Lembro-me de várias manifestações políticas ou sindicais, na minha juventude, particularmente combativas e alegres. Desde então, não encontrei muita coisa que se parecesse mais com a felicidade. Ilusória? Sem dúvida, em parte. Porém existe felicidade que não o seja? Além disso, a ação é uma alegria: vale mais que a paixão passiva ou sufocante. Além disso, a união é uma alegria: vale mais que o fechamento de cada um com seus problemas e seu umbigo.

Essa alegria culmina na festa, quando é bem-sucedida, e às vezes as revoluções são uma festa, pelo menos no início, antes que o *grande animal*, como diz Platão, vire Leviatã. Dia seguinte da festa, bem lúgubre freqüentemente... Ditaduras pós-revolucionárias, atrozes quase sempre. Mas isso é culpa do dia seguinte, mais que da festa. Do peso dos egoísmos, mais que da comunhão dos entusiasmos. Dos burocratas, mais que dos militantes. Por isso a festa não basta. Por isso a multidão não basta. Precisamos também da coragem cotidiana de cada um, da vigilância de cada um, da lucidez de cada um, do humor de cada um... Contra os arroubos ou cansaços do grande animal, há apenas um remédio, que é a liberdade de espírito. Não a confundamos com a indolência, nem com o niilismo, nem com a derrisão generalizada, que tantos danos causam hoje. "Privar-se da felicidade da união sagrada", como dizia Alain, não é renunciar aos prazeres da festa, nem às exigências da justiça, nem às necessidades da ação. Renunciar à Grande Noite não é renunciar ao progresso ou à solidariedade. Romper com as utopias não é romper com a política. Desconfiemos dos revolucionários entusiastas demais. Mas, ainda mais talvez, dos conservadores desiludidos de tudo, que gostariam de nos fazer desistir de avançar.

IX

Fruir, sofrer

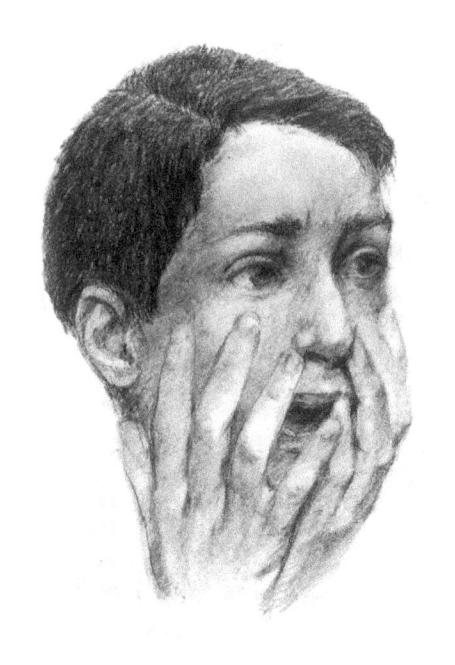

Epicuristas e estóicos se opunham sobre a questão do bem supremo. O prazer é o bem supremo, afirmavam os primeiros: prova disso é que todos os seres vivos, animais e homens, procuram o prazer ou com ele se comprazem, desde que nasceram, assim como fogem o máximo possível do sofrimento, e isso, precisava Epicuro, "naturalmente e sem discurso". Vejam o recém-nascido que pega o seio e berra quando lhe é retirado... O princípio de prazer, antes de ser um princípio, é um fato. O mal, antes de ser um juízo, é um sofrimento. Eis por que o prazer é um bem, certamente não o único (Epicuro não ignora que existem bons sofrimentos, ao menos por seus efeitos, e prazeres vergonhosos ou perigosos), mas o primeiro, que condiciona todos os outros. Por isso, ele é "o princípio e o fim da vida bem-aventurada": é nele, concluía Epicuro, que encontramos "o princípio de toda escolha e de toda recusa". Ir ao dentista é geralmente doloroso. Contudo, por que o faríamos se não fosse para parar de sofrer ou evitar sofrer? Ir trabalhar raramente é um prazer. Contudo, por que o faríamos se não fosse pelo prazer, direto ou indireto, que dele esperamos?

Fruir o máximo possível, sofrer o mínimo possível. Todos os nossos atos explicam-se assim. O prazer é o bem primeiro e último: mesmo as virtudes só valem pelo prazer que nos proporcionam. É o que chamamos o hedonismo epicurista, que Freud irá prolongar a seu modo, e que é ao menos uma parte da verdade. Os estóicos, embora também se apoiassem na observação, faziam a ele uma forte objeção. Todo ser vivo está disposto a sofrer, notavam, se é para garantir sua sobrevivência. Logo, a perseverança no seu próprio ser é, para cada um, um bem superior ao prazer. Ora, o ser próprio do homem é a razão; a vida racional (a virtude) vale, portanto, mais e é melhor que a fruição. Não somos mais crianças que buscam o seio. Somos adultos, temos de sê-lo, e, por isso, o esforço vale mais e é melhor que o prazer. Quem não admira mais um atleta que um boêmio, um herói que um *bon-vivant*? Quem não coloca a sabedoria acima da prudência, a justiça acima da diversão? Uma mentira calculada pode às vezes ser agradável para todo o mundo, inclusive para aqueles a quem engana. Será, por isso, menos condenável moralmente? Uma verdade desagradável para todos, por exemplo diante de um tribunal, seria menos verdadeira e menos exigível? Rigor de Epicteto contra a suavidade de Epicuro. Moralismo contra hedonismo. Vontade contra volúpia. A alegria do esforço contra o prazer do repouso.

 Escolhi primeiro Epicuro, talvez porque estivesse mais longe de mim. Depois disso não parei de reavaliar o estoicismo, o que levou dez anos. Era percorrer em sentido contrário o caminho de Montaigne, que, contrariando seu temperamento profundo, se quis de início estóico antes de, envelhecendo, se descobrir cada vez mais amavelmente epicurista... A cada um seu caminho, que leva apenas para si mesmo. A verdade é que essas duas escolas, que são as duas sabedorias do Ocidente, mais se completam que se opõem, ou só se opõem como teorias porque se completam, no homem, como experiências. São os dois pólos do viver, entre os quais não se trata tanto de escolher, mas de oscilar (por que a sabedoria seria uma linha reta?) ou de encontrar um equilíbrio. Que o prazer seja preferível ao sofrimento é algo com que os próprios estóicos concordavam. E os epicuristas não ignoraram que a virtude é mais agradável que o vício. É aí que eles se encontram, apesar das discordâncias entre eles, ou que convergem. Grandeza do prazer, grandeza da coragem, ambos necessários. Fruir covardemente, a quem isso poderia satisfazer completamente? E, inversamente, toda coragem não traz em si ao menos o prazer de se superar? O hedonismo epicurista é o contrário da apatia. O moralismo estóico, o contrário do masoquismo. É que a felicidade vale mais e é melhor que o prazer, ou antes, é o prazer supremo e não existe sem vontade racional (sem sabedoria). É que a virtude traz em si seu prazer, que é a única felicidade de verdade. Vide a coragem de Epicuro diante da doença. E a felicidade de Epicteto diante de tudo.

Desconfio das doutrinas demasiado unilaterais. A via do meio, como dizia Montaigne, como dizia Buda, vale mais e é melhor que os extremos entre os quais ela se inventa. Nem deboche nem ascetismo. Nem moleza nem dureza. "Aguerrir-se sem endurecer", dirá Etty Hillesum. O prazer não basta. A coragem não basta. O amor? Tampouco basta, já que não existe sem prazer e não vale nada sem coragem.

Talvez seja o sofrimento o que primeiro se conhece. Nascer não é uma diversão. E, em nossos hospitais, mede-se a vitalidade dos recém-nascidos primeiro pela potência de seu choro. São os ossos do ofício. É a vida que se afirma. Todavia, não é impossível que esse sofrimento de nascer seja confusamente vivido pela criança como perda de um estado anterior, que seria o bem-estar uterino ou indistinto anterior ao nascimento... O prazer será a cessação de um sofrimento ou será o sofrimento que é a falta ou a perda de um prazer? Pode ser qualquer um dos dois ou até os dois ao mesmo tempo, o que não exclui que também existam prazeres primeiros e sofrimentos plenos. Há o prazer de comer quando se tem fome, o sofrimento de ter fome quando não se tem o que comer. Mas há também o prazer estético, que não preenche nenhuma falta, e o sofrimento nu – do golpe, do machucado, da doença –, que não resulta de nenhuma perda. O prazer de comer quando se tem fome não é a mesma coisa que o prazer de comer *bem* quando se gosta disso. Sofrer do que existe (por exemplo, um tumor ou uma chaga) não é a mesma coisa que sofrer do que não existe ou já não existe (por exemplo, a saúde). Sofrimento é diferente de nostalgia. Prazer, de alívio.

Positividade do prazer. Positividade do sofrimento. É o que tira a razão de Freud ou de Schopenhauer, para os quais o prazer era apenas o alívio de uma tensão, de um sofrimento, de um mal-estar anteriores. Se fosse verdade, o nada seria melhor (é por isso que as duas pulsões em Freud são apenas uma, a pulsão de morte), coisa que a vida recusa, pelo menos enquanto nela se obtiver prazer, no sofrimento até. Ninguém ignora, por exemplo, que o orgasmo produz o alívio de uma tensão. O que não significa que se reduza a isso e, menos ainda, que seja o todo do prazer sexual. Afinal, a masturbação chega a isso mais rapidamente, de forma mais simples, mais segura, sem que deixemos por isso de preferir fazer amor... Do mesmo modo, o fato de que comer suprime a fome não é suficiente para nos cortar o apetite, nem tira a razão dos *gourmets*... É que o orgasmo não é tudo, nem mesmo o essencial. É que a saciedade não é tudo. O erotismo e o amor são melhores. A gastronomia e o gosto são melhores. Que tristeza seria viver apenas para não sofrer! Mas não é assim: vivemos para viver, o que dá razão aos estóicos, para fruir e nos regozijar, o que dá razão aos epicuristas, enfim para amar, o que dá razão a Espinosa, à vida e ao amor. Os niilistas não têm razão; se tivessem, a vida é que estaria errada. Os pessimistas não têm razão, ou então só têm razão no final das contas, já que morremos, mas não durante o caminho, já que vivemos, já que gostamos de viver. A vida vale mais e é melhor que o nada, ao menos enquanto nela obtivermos prazer, enquanto o sofrimento não for por demais atroz ou prevalecer sobre tudo. Prazer de viver, coragem de viver. Os dois vão juntos, já que o sofrimento sempre nos ameaça ou nos acompanha, já que não há prazer sem coragem, nem coragem, se a tivermos, sem um mínimo de satisfação. O princípio do prazer não é um princípio, dizia eu, mas um fato. Cada um de nós se esforça para fruir o máximo possível, para sofrer o mínimo possível. Mas esse esforço, que é a própria vida, já é um prazer.

É o que Espinosa chama o *conatus* (a tendência de todo ser a perseverar no seu ser), que toma a forma em nós de desejo, de apetite ou de vontade. Vejo aí uma reconciliação possível entre o Jardim e o Pórtico. É a felicidade que faz a virtude? É a virtude que faz a felicidade? Nem um nem outro, se não o desejarmos (aliás, se não os desejamos, são impossíveis). Um e outro, se os desejarmos juntos e entendermos sua articulação. Prazer e virtude não são absolutos: são disposições do corpo ou da alma, que valem apenas na proporção do desejo que deles temos. Portanto, ambos são bons, já que desejamos os dois. "O desejo de ser feliz, isto é, de bem viver, de bem agir etc., é a própria essência do homem", escreve Espinosa, e "não se pode conceber nenhuma virtude" independentemente desse desejo. Condenar os prazeres? Seria apenas tristeza e superstição. Renunciar à virtude? Seria apenas baixeza ou barbárie. Nos dois casos, nosso desejo a isso se opõe. Querer viver é sempre e indissociavelmente querer fruir e se regozijar, querer desenvolver seu ser, sua potência, sua liberdade, sua virtude – é querer viver *bem*. Por isso, a vida é seu próprio fim e sua própria norma: o esforço de viver é a própria vida.

É também o que se chama saúde, enquanto esse esforço não for difícil demais. É o bem mínimo, que jamais bastou para a felicidade, nem mesmo para a alegria e, no entanto, o mais precioso, já que todos os outros o supõem. A sabedoria? Ela supõe a saúde mental e não poderia garanti-la. Um vírus ou um tumor pode deixar louco o maior dos sábios. É por isso que a saúde é mais preciosa que a sabedoria, sem, no entanto, bastar-lhe; é por isso que a medicina é mais preciosa que a filosofia, sem, no entanto, tomar o seu lugar.

"Toda vida é dor", dizia Buda. Mas ensinava também as causas da dor (a falta e a recusa, a esperança e o temor) e os meios de se libertar dela (a sabedoria). Isso não impede de sofrer, já que estamos vivos, que somos mortais, que não somos sábios. Mas o sofrimento tampouco impede de viver – só os vivos sofrem –, nem de amar a vida, enquanto nela se obtiver pelo menos um pouco de prazer. E quando já não se obtiver prazer na vida? Então, talvez, seja tempo de morrer, caso se queira, caso se possa. Toda dor cessa ali, para onde todas vão. Isso, que suprimirá também os prazeres, no entanto não prova nada contra eles. Os amantes que gozam um com o outro o sabem. Nem a própria morte, que apagará esse prazer efêmero, poderia roubá-lo deles.

X

Durar

A maturidade não existe, ou só existe para os outros. Será que esse homem pouco mais velho que eu, que cumprimento educadamente no elevador, sabe que quem lhe fala é um menininho, um pouco intimidado, um pouco envergonhado de ter de falar com um adulto como se ele mesmo fosse um, e surpreso, sim, quase envaidecido, apesar dos seus 50 anos, de que o outro pareça acreditar nisso? Certamente tão pouco quanto eu conheço esse menininho que meu vizinho continuou sendo para si mesmo, sem que ninguém soubesse e como que absurdamente escondido sob os traços de um quase sexagenário... Não existe gente grande. Existem apenas crianças que fazem de conta que cresceram, ou que de fato cresceram sem no entanto acreditar plenamente nisso, sem conseguir apagar a criança que foram, que continuam sendo, apesar de tantas mudanças, que carregam consigo como um segredo, como um mistério, ou que as carrega... Ser adulto é ser um coadjuvante. Ao menos é assim que sinto, sabendo que não sou o único, embora não tenha certeza de que estejamos todos incluídos nesse caso. Deve-se dizer que, nesse papel, alguns dão prova de um talento singular, feito de seriedade e suficiência, que vai até o ponto de enganar a eles mesmos. Quem sabe, contudo, isso não passe de uma aparência que eu também às vezes passo para outras pessoas... Quem sabe? O rosto é uma máscara, ainda mais enganadora, como diria Pascal, porque nem sempre o é.

Também é tentador ver nessa parcela de infância, que cada um veicula, sua parcela de poesia, perdida ou preservada na prosa do tempo, o que certamente não é totalmente falso. Mas também quantas fragilidades, quanto egoísmo, quantos medos! A infância é o contrário de um paraíso. A respeito disso, aprendo mais com Freud do que com Baudelaire. Mas deixemos isso de lado. Agora, é o adulto que me interessa, que gostaria de compreender, que gostaria de celebrar, pois ele bem que o merece também, apesar de tanta mediocridade, tanto peso, tanta monotonia. "Ficar velho sem ser adulto", como dizia Brel? Seria encerrar-se na infância ou na senilidade. Melhor crescer antes de envelhecer, em vez de envelhecer antes de ter crescido! Além disso, fizemos filhos: é preciso criá-los, coisa de que nenhuma criança seria capaz... Em suma, há a fadiga, a decepção, o tempo que passa e que se acelera, o peso das responsabilidades, das preocupações, do trabalho... A infância ficou para trás, definitivamente (sim: simultaneamente em nós e atrás de nós), e é a isso que se dá o nome de adulto. Papel de coadjuvante? Certamente, mas é o nosso – o único digno da criança que fomos ou que somos.

Há um texto de Péguy que mexe comigo, um dos mais belos que ele escreveu, um dos mais profundos, dos mais decisivos. Está em *Dialogue de l'histoire et de l'âme païenne* [Diálogo da história e da alma pagã]. Trata do homem de 40 anos (era a idade que Péguy tinha quando escreveu), de seu saber, de seu segredo, que é o segredo universalmente mais sabido e mais escondido, aquele, explica Péguy, que, depois dos 33 ou 37 anos, nunca desceu até os "homens de baixo". Qual? *Que ninguém é feliz*. Sobre todo o resto, o homem de 40 anos se dispõe a duvidar ou discutir. Mas não sobre isso. É "a única crença", escreve Péguy, "a única ciência a que se apega, em que ele sente e sabe haver uma questão de honra". Tudo depende dos indivíduos, objetarão, e da definição que se dê da felicidade... Concordo, aliás falei muitas vezes sobre isso, mas gosto de que Péguy conte o segredo assim sem rodeios, sem dó, como ele diz, sem conivência, sem bondade. Que a felicidade com que se sonha não passa de um sonho. Que a felicidade não existe. Que, quando se está feliz, se está apenas mais ou menos feliz, e mais menos do que mais. Isso, porém, outros já disseram, com outras palavras, em todas as línguas. Mas Péguy acrescenta algo mais:

> Vejam só a inconseqüência. O mesmo homem. Esse homem tem naturalmente um filho de catorze anos [era, na época, a idade do filho de Péguy]. E ele só pensa numa coisa. Que seu filho seja feliz. Não pensa que seria a primeira vez; que seria notável. Não pensa absolutamente nada, o que é a marca do mais profundo pensamento. Esse homem pode ser um intelectual ou não. Um filósofo ou não. Ser indiferente ou não (indiferente de pena, é o pior deboche). Tem um pensamento de animal. São os melhores. São os únicos. Tem um só pensamento. E é um pensamento de animal. Quer que seu filho seja feliz. Só pensa nisso, que seu filho seja feliz.

Descobri esse texto quando tinha aproximadamente 40 anos e era pai de três garotos... Nunca mais o esqueci. E o reli várias vezes. Esclarece-me sobre o que é um adulto. É alguém que renunciou à felicidade, em todo caso àquela que esperava aos 16 anos, que já não acredita nela, que já não se interessa por isso, ao menos para si próprio ou para as pessoas de sua geração, mas que não pode impedir a si mesmo, caso tenha filhos, de sonhá-la para eles, de esperá-la para eles, loucamente, ansiosamente, desesperadamente... É uma bela inconseqüência. É nossa cota de loucura. É nossa cota de paixão. É nossa cota de infância, aí também, mas projetada, de corpo e alma, numa outra... Depois, os filhos crescerão e terão filhos. Tudo continua. Tudo continuará. O segredo está bem guardado, apesar de divulgado. Não é que mintamos. Não é que nos calemos. É que não podemos aceitar, para nossos filhos, o que levamos tantos anos para entender para nós mesmos, para aceitar mais ou menos para nós, para superar, em geral, quase alegremente... Um adulto? É alguém que aprendeu a durar e a suportar, mas que, se tiver filhos, não se conforma com que eles tenham de aprendê-lo por sua vez.

Isso não impede de viver. Não impede de amar, e não só os filhos. Não impede nem mesmo de ser feliz, às vezes, a seu modo, de ser mais ou menos feliz, ou quase feliz; em suma, de não ser infeliz.

A VIDA HUMANA

Isso não impede de existir e de insistir, de durar e de perdurar. Não impede de continuar lutando, mesmo quando já não se acredita na vitória. Não impede de viver e de envelhecer. O homem de 40 anos, o homem de 50 anos, o homem de 60 anos... Já sabemos como isso acaba. Mas o que importa não é o fim. É o caminho. O trabalho por fazer. É o amor para dar. É a vida que continua, que não quer morrer, que não quer renunciar... "O duro desejo de durar", dizia Éluard. É o próprio desejo, em todo caso o mais fundamental, aquele que todos os outros supõem, e o verdadeiro gosto pela vida. Mais uma vez o *conatus* de Espinosa, que é a tendência que todo ser tem de perseverar no seu ser, que é o esforço, no homem, para fruir e para se regozijar, para viver o máximo e o melhor possível. *Agendi potentia*, lê-se na *Ética, sive existendi vis*: potência de agir, força de existir. Não se conseguiria viver de outro modo. Não se conseguiria agir de outro modo. Não se teria nem mesmo a força de se suicidar. Não seria necessário. Já estaríamos mortos.

Durar? É estar no tempo, mas na continuidade do tempo. É ter um passado, que cresce. É ter cada vez menos futuro. É levar a peito o presente, em vez de ser levado por ele como uma criança. É levar a peito a própria morte. É amadurecer, caso se consiga. É envelhecer, pois é preciso. É continuar vivendo, lutando, agindo, amando. É superar a fadiga, o tédio, o desgosto, o pavor, o horror. E de quanta coragem precisamos apesar de tudo! Banalidade de tudo, exceto do pior. Fastio de tudo, exceto do melhor. Isso não impede a felicidade, aquela de que continuamos capazes, ou de que nos tornamos capazes (bem mais, para alguns, do que 20 anos antes). Isso não impede a doçura, a alegria, a curiosidade, a emoção, o afeto, o desejo. Não impede, às vezes, alguma descoberta ou ruptura, algum remanejamento ou reviravolta (novo casamento, novo trabalho, nova paixão...). No entanto, sentimos claramente que o essencial já aconteceu, que é inútil esperar por ele, que, no melhor dos casos, ele pode apenas continuar... É o contrário de uma esperança. É o contrário de uma nostalgia. A infância ficou para trás e ainda assim está em nós. Mas não diante de nós, exceto como passado ou como carga. Diante do adulto nada mais há, em se tratando de porvir pessoal, senão o ancião ou o nada. Mas ele não se preocupa muito com isso. Há algo mais urgente. Há algo mais importante. Há o presente que passa. Há o real que resiste. Há a duração do mundo, sua beleza, sua fragilidade. Há a delícia do lar e dos prazeres. Há os amigos e os inimigos, as causas para defender, os horrores para enfrentar. Há a ameaça da bobagem e a inteligência que resiste. Há o humor e a cólera. Há o trabalho e o descanso. Há a vida que continua, o combate que continua e os filhos que crescem ou fazem filhos.

XI

Morrer

A morte, está bem claro, é um problema apenas para os vivos. Epicuro concluía daí que ela não é problema nenhum, para ninguém: nem para os vivos, pois não existe enquanto vivam, nem para o mortos, pois eles já não existem. Isso significava pensar a morte estritamente como nada, e isso sem dúvida é preciso; mas nunca bastou para nos curar da angústia que ela nos inspira quando nos ameaça um pouco mais de perto, nem para nos consolar, quando atinge um de nossos familiares. O nada é um remédio apenas para os mortos; não para nós, que estamos vivos.

Que a morte nada seja, é o que creio. Contudo, não é mais que uma crença: da morte não temos por definição nenhuma experiência, nenhum conhecimento, nem recebemos nenhuma informação crível. Não censuro aqueles que freqüentam sessões de mesa girante. Todos têm o direito de se divertir, de sonhar, de tentar... Mas sempre me surpreende a trivialidade das "mensagens" que eles recebem ou suscitam! Se os mortos não têm nada de mais interessante para nos dizer, para que interrogá-los? Isso faz desesperar da superstição, e, com efeito, é o melhor que se pode fazer. Quanto às religiões, que são superstições respeitáveis ou respeitadas, não conheço nada mais tolo do que o seu paraíso quando tentam descrevê-lo, nem mais brumoso quando desistem. A reencarnação? Espanta-me que haja pessoas no Ocidente que se ponham a sonhar com ela e, mais ainda, que vejam nisso um consolo (Buda, mais lúcido, ensinava antes a se libertar dela), mas pouco importa. É apenas mais uma superstição, tão improvável quanto todas as outras e mais estapafúrdia, ao menos entre nós, que a maioria. Quanto medo devemos ter uns e outros para nos refugiarmos a tal ponto no incompreensível!

O nada não é mais claro, objetar-me-ão, o que contesto (o nada é uma idéia pobre, mas clara); mais provável, o que contesto também (o mais pobre é mais fácil de produzir, portanto mais provável, que o mais complexo: não há nada mais pobre que um cadáver, nada mais improvável que a imortalidade); enfim, que não é mais certo, com o que concordo de bom grado. Um cadáver não é uma prova, ou prova apenas para si próprio. O que há depois da morte ninguém sabe, ninguém pode saber. É o mistério último, ao menos na escala humana, tão impenetrável – embora mais anedótico – quanto o das origens. O melhor a fazer, portanto, é aceitá-la. Isso não nos tornará imortais, nem bastará para nos tranqüilizar, chegada a hora, ou para nos consolar... É fácil fazer-se de valente enquanto o horror está longe, e é inútil. Para os pais que acabaram de perder um filho, para a jovem que se descobre condenada no curto prazo, a idéia de nada não lhes trará nenhum socorro. Porque não é mais que uma idéia, e é o imaginário que os tortura, é seu coração que se dilacera.

Além disso, não há apenas a morte; há o morrer, a agonia, e isso certamente não é coisa pouca. "Não é que eu tenha medo da morte", diz Woody Allen, "mas preferiria estar longe quando ela vier." É o que a morte efetua, já que não dependerá mais de nós, mas que não nos dispensará de morrer, nem de sofrer, nem de talvez vê-la se aproximar. Todo o corpo a recusa. Como poderíamos aceitá-la? A agonia é um combate, mais um, quase sempre doloroso. É o último combate perdido pela vida. Como poderia não nos assustar ou mortificar? Preferiríamos, de fato, estar longe e não podemos. Ninguém pode morrer no nosso lugar, nem sofrer no nosso lugar. Invejo os que morrem dormindo, que só concedem à morte, como nada, a atenção nula que ela merece. E admiro os que, quando ela se aproxima, acolhem-na tranqüilamente, serenamente, lucidamente.

Quanto a mim, verei quando a hora chegar, e não me preocupo muito com isso. Prefiro me sair mais ou menos bem na vida do que me sair bem na morte. De resto, alguém alguma vez fracassou em morrer? Bem ou mal, até agora todo homem o conseguiu. Seria engraçado, mas também improvável, que eu não conseguisse.

Bela frase de Mallarmé: "Esse riacho pouco profundo e caluniado, a morte..." Esse alexandrino perfeito [*Ce peu profond ruisseau calomnié, la mort...*] (embora seja, se bem me lembro, um texto em prosa) talvez seja o que de melhor se escreveu sobre a questão, em todo caso o mais correto. Fizeram demais da morte um oceano, um infinito, deram-lhe uma dimensão que ela não tem. Não é um lugar, é uma passagem, e bem estreita. Não é o infinito, é o fim. Não é a provação suprema, mas a última provação. Queiram os céus ou os médicos que ela não dure muito.

Não há somente a morte. Não há somente o morrer. Essas são apenas ocorrências particulares (e particulares apenas para nós, não em si) de um princípio mais geral, que não é um princípio mas um fato, ou, antes, a trama de todos os fatos. Qual? O devir, a impermanência, o universal desaparecimento de tudo – exceto do próprio Todo, talvez. É Heráclito quem tem razão contra Parmênides (ao menos contra a imagem que costumamos ter dele). Nunca nos banhamos duas vezes no mesmo rio, nem mesmo uma vez – porque ele nunca é o mesmo. Montaigne tem razão. Tudo muda, tudo passa, tudo se mexe: "O mundo não é mais que um balanço perene. Nele, todas as coisas se mexem sem cessar: a terra, as montanhas do Cáucaso, as pirâmides do Egito, tudo participa do movimento geral e do seu próprio. A constância mesma nada mais é que um balanço mais languescente." Durar? Perdurar? Só é possível com a condição de mudar – que estou dizendo! –, não é mais que uma mudança contínua. Todo ser tende a perseverar no seu ser, é certo; mas ninguém pode fazê-lo a não ser mudando sempre, adaptando-se sempre. Ser é durar; durar é mudar. Por isso, o ser e o devir são uma única e mesma coisa, que justamente não é uma coisa, mas um processo, uma história, uma mudança. O recém-nascido que fui, onde está ele? E nossa juventude, e nossos antigos amores, e as neves de antanho? Não é mais. Nunca mais será. E, mais cedo ou mais tarde, mesmo a lembrança tem de se apagar. É sempre o nada que prevalece. É sempre o silêncio que tem a última palavra. Sabedoria trágica: sabedoria do devir, sabedoria da impermanência. Tudo é eterno, voltarei a isso, mas só a morte é definitiva. Tudo continua; nada permanece.

Isso não é triste, ou só o é na proporção de nossa incapacidade de aceitá-lo. Mudar? Vivemos o mesmo tanto, ou melhor, só vivemos mais com isso (uma vida imutável, que chateação seria e que imagem antecipada da morte!). É aí que encontramos Epicuro, Montaigne e Espinosa. A sabedoria é meditação da vida, dizia este último, não da morte. Ou, se também é preciso meditar, a morte é pelo que ela nos ensina sobre a vida e sobre nós mesmos. Que toda a vida esteja fadada à finitude, à mudança, à impermanência, é algo que diz respeito à sua essência e não poderia ser ignorado. Mais uma razão para dedicar à vida – a própria, a dos outros – todos os cuidados que ela exige. Existe algo mais frágil? Existe algo mais precioso? Existe algo mais insubstituível?

Desconfiemos dos profetas do nada, que, pela certeza da morte, gostariam de tirar-nos o gosto pela vida. O fato de uma viagem dever ter um fim não é razão para não a empreender. O fato de nossos próximos serem mortais não é razão para não os amar. O fato de a vida ser tão breve (e tão longa às vezes...) não é razão para desprezá-la.

"Todo contentamento dos mortais é mortal", escreveu Montaigne. Cabe portanto a nós nos *contentarmos* com ela, em todos os sentidos do termo. Esse prazer presente, essa alegria presente, esse amor presente, a morte nada pode contra eles. Desaparecerão? Certamente, como tudo o que é ou passa. Mas nem por isso são menos agradáveis, alegres ou amorosos. Poderiam sê-lo até mais, insisto, pela raridade, pela brevidade sabida de antemão, pela unicidade. A morte é a regra, da qual a vida é a exceção. Nesse caso, porém, a regra só tem existência pela exceção que a desafia sem violá-la, que a confirma sem nela se perder. Aquilo que vivemos, a morte, que prevalecerá, não conseguiria abolir – porque o vivemos, porque o teremos vivido eternamente. Todos os seres vivos morrem, e só eles. Sem eles, a morte não seria nada. Isso significa que é a vida que vale e que dá valor: mesmo a morte só tem importância por ela.

Isso mostra o engano dos niilistas, que pretendem que a morte lhes dá razão. Como seria possível? Que a morte põe fim à vida, essa é sua definição. Mas é também o que a impede de refutá-la – porque a pressupõe.

XII

A eternidade

Tudo muda, tudo flui, tudo passa. É a verdade de Heráclito (Pánta rheî), ou melhor, é a verdade do mundo. Essa verdade, porém, não passa. "Que tudo muda", comenta Marcel Conche, "é algo que não muda. Que tudo passa, é algo que sempre será verdadeiro." Portanto, o devir é eterno: o devir é a própria eternidade. Por isso não é preciso escolher entre Parmênides e Heráclito: ambos têm razão, até em sua oposição. É o que dá razão a Heráclito, pela unidade dos contrários, e a Parmênides, pela unicidade do verdadeiro. Essa luz da manhã, esse pássaro que canta, esse vento fresco no meu rosto... Nada de tudo isso é imutável; nada de tudo isso durará por muito tempo. É apenas o presente do mundo: é apenas o mundo mesmo como presente. Mudando sempre. Sempre novo. O que havia antes, porém? Um outro presente, ou melhor, o mesmo ("ele inteiro junto, uno, contínuo", escreveu Parmênides), mas outro, o mesmo, mas diferente. E que haverá depois? Um outro presente, ou melhor, a continuação diferenciada do mesmo. Tudo passa, é certo; mas é só no presente que passa. Porque o passado não é nada; porque o futuro não é nada. *Era*? Porque já não é. *Será*? Porque, portanto, não é. Há apenas o ser: há apenas o presente. "Nem era nem será, porque é agora..." Faz 25 séculos que esse verso de Parmênides nos esclarece, tal como o *Pánta rheî* de Heráclito, e devem ser lidos juntos. "Tudo passa", comenta mais uma vez Marcel Conche, "mas o ser não passa: o agora do ser é único." Se o próprio ser passasse, não haveria mais nada, nem sequer mudança. Portanto, ele tem de continuar, e é o que chamamos a duração, sempre presente (o que a distingue do tempo abstrato, que não é mais que a soma imaginária de um passado que já não é e de um futuro que ainda não é), e é o que chamamos o presente, sempre continuado. Tudo muda, mas só muda no presente. Tudo é presente, mas só o devir é presente. "A mutabilidade, a fugacidade, a insubstancialidade são eternas" (Marcel Conche, a propósito de Heráclito). "O que é presente muda sem cessar, mas o fato da Presença não conhece nenhuma variação" (Marcel Conche, a propósito de Parmênides). Portanto, o presente permanece presente, é o que chamamos o ser, é o que chamamos a eternidade, e não existe outra. É a verdadeira luz grega. *Ousía* (o ser, o real), *parousía* (a presença): um e o mesmo! "O ser", escreve ainda Marcel Conche, "faz um com a Presença." De outro modo, não haveria ser nem presente.

Presença de quê? Presença do ser: presença de tudo. Por isso prefiro escrevê-la sem maiúscula, que faria crer na presença de algum Sujeito ou de algum Absoluto transcendente (Deus). Como poderia ele ser presente se não está no mundo? E o que o faria transcendente, se nele estivesse? Deus seria o grande Outro. Mas nada mais conhecemos senão o grande mesmo (a natureza, o universo), sempre diferente, é certo, sempre mudando, mas sem por isso deixar de ser o que é, que é tudo. Para que procurar outra coisa? Esperar outra coisa? O mundo me basta: contento-me, modestamente, com tudo.

Esse todo, é claro que se pode denominá-lo Deus, como fazia Espinosa. Mas para quê, se ele não é um sujeito, se não é criador (se ele é tudo, como poderia criar outra coisa?), se não é transcendente, se é sem amor, sem vontade e sem providência, se é inútil rogar a ele e mesmo temê-lo? O panteísmo não é mais que um naturalismo vergonhoso ou hábil; o naturalismo, um panteísmo radicalizado, desiludido, desmistificado. É apenas outro nome para o ateísmo, e seu verdadeiro nome. O ateu não crê em Deus. Por que, então, deveria ele se definir, ainda que negativamente, com relação a ele?

Não é que não creia em nada. Crê apenas no que existe – crê apenas no todo.

É o que o torna receptivo às crenças dos outros, que fazem parte desse todo, que podem ser verdadeiras tanto quanto as suas (já que ele pode se enganar), e que lhe ensinam muito sobre a humanidade. O que os humanos denominaram Deus é o que tinham de melhor em si mesmos ("Recolho-me em mim mesmo", escreveu Etty Hillesum, "e esse 'eu mesmo', essa camada mais profunda e mais rica em mim na qual me recolho, eu a denomino 'Deus'"), ou até o melhor que não tinham, a não ser em negativo (pela falta), mas que imaginavam, que sonhavam, que brilhava neles, por assim dizer, por sua ausência... O homem é um animal religioso, pelo menos espiritual: não se contenta em conhecer a verdade ou em buscá-la; de fato, precisa amá-la, contemplá-la, recolher-se nela, mesmo que nela se perca ou se salve, e é bom que assim seja. Rezar? Não é mais que pôr palavras no silêncio. Mas o silêncio, aquele que contém todas as palavras e que elas não contêm, permanece.

O silêncio: a eternidade. É a mesma coisa, já que o tempo (a soma intotalizável de um passado que já não é e um futuro que ainda não é) só existe para o pensamento, já que só ganha verdadeiramente consistência – e olhe lá! – por meio das palavras que servem para hipostasiá-lo ou medi-lo. Para a natureza ou para o silêncio, há apenas o presente: apenas o real ou a verdade. Será a mesma coisa? Não exatamente, já que o real muda, já que começa e cessa, o que a verdade não poderia fazer. Por exemplo, esse pássaro que alça vôo: não voará para sempre, não viverá para sempre e nunca retomará esse mesmo vôo. É o que chamo o real ou o devir. Mas desde quando é verdade que esse pássaro viveria, que voaria, que alçaria vôo neste instante? Faz um ano? Dez anos? Mil anos? Impossível fixar uma data: é verdade desde sempre, embora ninguém, em nenhum lugar, o soubesse. Uma verdade não precisa ser conhecida para ser verdadeira; ao contrário, precisa ser verdadeira para poder ser conhecida. Caberia então dizer que tudo está predeterminado? De forma nenhuma. Seria dar à verdade um poder causal que ela não tem. Não é porque era verdade desde sempre que ele alçaria vôo neste instante que esse pássaro o faz; ao contrário, é porque ele o faz, aqui e agora, que era verdade desde todo o sempre. O real se impõe ao verdadeiro, não o verdadeiro ao real. Nem por isso a eternidade *a parte ante* permanece menos. Uma verdade não começa: é verdadeira desde sempre ou não o é nunca.

E também, é claro, *a parte post*, ou seja, para o futuro. Até quando será verdadeiro que esse pássaro viveu, voou, iniciou esse vôo que vi? Continua sendo verdade agora, no momento em que ele acabou de pousar. Continuará sendo verdade daqui a um ano, dez, mil anos: é verdade para sempre ou nunca. É o que distingue o verdadeiro do real. O real muda e passa: ninguém se banha duas vezes no mesmo rio real. A verdade nem muda nem passa. Se alguém uma vez se banhou num rio, isso continuará sendo verdade eternamente.

Note-se que, desse ponto de vista, o conhecimento faz parte do real e se distingue assim da verdade. Existe uma história dos conhecimentos: eles começam, evoluem, desenvolvem-se e podem desaparecer. Não existe história da verdade. No entanto, nenhum conhecimento poderia existir e, portanto, nenhuma história dos conhecimentos sem essa eternidade do verdadeiro que a torna possível e necessária.

Portanto, será somente a verdade que é eterna? Não. Pois o real sem dúvida muda, mas só muda no presente. Se a eternidade, como dizia santo Agostinho, é um presente que permanece presente, o real é, portanto, a própria eternidade. É o que santo Agostinho chamava o "perpétuo hoje de Deus", em que vejo antes o perpétuo hoje do mundo. Ontem nunca existiu (quando ontem existia, não era um ontem: era um hoje). Amanhã nunca existiu (quando existir, não será mais um amanhã: será um hoje). Eternidade do presente. É sempre agora. É sempre hoje. É o que chamo o sempre-presente do real, que é o próprio real.

Quanto à verdade, ela não muda, mas nem por isso é menos presente. A proposição *Era verdade* é contraditória: se foi verdade, continua sendo; se já não é, não era. A proposição *Será verdade* é contraditória: se for verdade um dia, já o é; se ainda não é, não será jamais. Portanto, toda verdade é presente. É o que chamo o sempre-presente do verdadeiro, que é a própria verdade.

A eternidade

Essas duas eternidades só se distinguem no tempo (*sub specie temporis*), não no presente, onde se encontram e compõem apenas uma (*sub specie aeternitatis*). Por exemplo, o pássaro atualmente pousado no galho: é a um só tempo real e verdadeiro. O presente é, pois, o ponto de tangência entre o real e o verdadeiro. Contudo, se só o presente existe, como acredito, e se o real e o verdadeiro coincidem no presente, conclui-se que coincidem sempre, para todo real dado. O presente, que contém a ambos, é o lugar de sua junção – o que exclui que estejam alguma vez atualmente disjuntos.

Se quiserem, podem dizer que o presente é o que separa o passado e o futuro. Mas, como o passado e o futuro não são nada, nada os separa. Há apenas a eternidade, que é o próprio presente. Entre nada e nada: tudo. É onde habitamos, e o único lugar da salvação.

"Sentimos e experimentamos que somos eternos", escreveu Espinosa na *Ética*. Não diz que o *seremos* (o que só poderia ser objeto de esperança ou de fé), mas que o *somos*. Em certos momentos, ocorreu-me passar por essa experiência. Nunca vi nisso uma prova do que quer que seja. Mas mudou definitivamente minha relação com todo o resto, que ainda assim continuava. Felicidade, infelicidade, angústia, divertimento, trabalho, fadiga, impaciência, raiva... Tudo isso também é real; também é verdadeiro, já que não há nada mais. Já estamos no absoluto, já no Reino: a eternidade é agora.

Já salvos? Já perdidos? Os dois. O inferno e o paraíso são uma única e mesma coisa, que é o mundo. "Enquanto você diferenciar o nirvana do samsara", dizia Nagarjuna, "você estará no samsara." Enquanto você diferenciar a salvação da vida tal como ela é – imperfeita, dolorosa, insatisfatória –, você estará na vida tal como ela é. Enquanto você diferenciar entre a eternidade e o tempo, você estará no tempo. Paremos de sonhar com a salvação, a sabedoria, a libertação. A eternidade não é uma outra vida, mas a verdade desta. Por isso cheguei a falar de uma sabedoria do desespero, que seria a própria beatitude. Existe algo mais absurdo que esperar a eternidade? Algo mais triste que esperar a felicidade? Mas isso indica mais o caminho do que o ponto de chegada, onde já estamos. A verdade é que não há sabedoria: há apenas a vida humana, tal como ela é, tal como ela passa, aberta para o todo que a contém, para as outras que com ela convivem, sempre presente, sempre efêmera, comovente de tanta fragilidade, de tanta solidão (mesmo no amor – sobretudo no amor!) e, por fim, em quase todos, apesar do medo e da fadiga, de tanta coragem. Os sábios? São aqueles que se contentam com essa vida, isto é, que com ela se regozijam, sem por isso renunciar a mudá-la – pois toda mudança faz parte dela, até mesmo porque uma vida nada mais é que um processo ininterrupto de mudança. Por isso, todos nós temos nossos momentos de sabedoria, todos nós, ou quase todos, nossos momentos de loucura... O sábio o aceita tranqüilamente. A humanidade, diz ele, importa mais que a sabedoria.